安全生产"谨"上添花图文知识系列手册

路桥建设安全生产宣传教育手册

东方文慧　中国安全生产科学研究院　编

中国劳动社会保障出版社

图书在版编目(CIP)数据

路桥建设安全生产宣传教育手册/东方文慧,中国安全生产科学研究院编. —北京:中国劳动社会保障出版社,2014
(安全生产"谨"上添花图文知识系列手册)
ISBN 978-7-5167-1150-7

Ⅰ.①路… Ⅱ.①东…②中… Ⅲ.①道路施工-安全生产-手册②桥梁施工-安全生产-手册 Ⅳ.①U415.12-62②U445-62

中国版本图书馆 CIP 数据核字(2014)第 111107 号

中国劳动社会保障出版社出版发行
(北京市惠新东街 1 号　邮政编码:100029)
*
三河市潮河印业有限公司印刷装订　　新华书店经销

880 毫米×1230 毫米　32 开本　4.375 印张　93 千字
2014 年 6 月第 1 版　2014 年 6 月第 1 次印刷
定价:20.00 元

读者服务部电话:(010)64929211/64921644/84643933
发行部电话:(010)64961894
出版社网址:http://www.class.com.cn

版权专有　　侵权必究

如有印装差错,请与本社联系调换:(010)80497374
我社将与版权执法机关配合,大力打击盗印、销售和使用盗版图书活动,敬请广大读者协助举报,经查实将给予举报者奖励。
举报电话:(010)64954651

编委会名单

柴继昶　崔昊阳　王颖群　李　宝
王晓波　宋雨默　魏永清

前 言

生产经营单位发生的大量事故，促使人们探求事故发生的原因及规律，建立事故发生的模型，以指导事故的预防，减少或避免事故的发生，于是就有了事故致因理论。

各种事故致因理论几乎都有一个共识：人的不安全行为与物的不安全状态是事故的直接原因。无知者无畏，不知道危险是最大的危险。人为失误、违章操作是安全生产的大敌。有资料表明，工矿企业80%以上的事故是由于违章引起的。因此，即使在现有的设备设施状况、作业环境、管理水平下，如果大幅度减少违章，安全生产状况也会有显著改善。

作业人员遵章守纪，是安全生产的重要前提之一，其重要性不言而喻。企业员工要具备与自己的工作岗位相适应的生理、心理与行为条件，要具有熟练的操作技能，还应具备故障监测与排除、事故辨识与应急操作、事故应急救援等技能。这就是打造所谓"本质安全人"的基本要求，这也是企业面临的重要而艰巨的任务。

多年来，东方文慧为"本质安全人"奉献了大量优秀的安全文化产品。"安全生产'谨'上添花图文知识系列手册"的策划出版，是一件十分有意义的事情。系列手册内容翔实，图文并茂，通俗易懂，是企事业单位安全生产培训与宣教以及职工自主学习的优秀资源。

  我相信，企业职工通过对书中安全生产知识的学习，安全素质将会得到有益的提升，为做好企业的安全生产工作增砖添瓦。我愿意将系列手册推荐给广大职工，同时将我的祝福送给各位朋友：平安相随，幸福相伴！

赵云胜

目 录

第一章　路桥员工通用安全守则 ·· 1
　　第一节　路桥施工、测量现场安全守则 ·························· 1
　　第二节　交通、水电设施安全守则 ································ 4
　　第三节　施工机械操作安全守则 ···································· 8

第二章　路基工程施工安全要领 ·· 12
　　第一节　场地清理安全要领 ·· 12
　　第二节　土方施工安全要领 ·· 15
　　第三节　石方施工安全要领 ·· 25
　　第四节　防护工程安全要领 ·· 30

第三章　路面工程施工安全要领 ·· 32
　　第一节　基层施工安全要领 ·· 32
　　第二节　沥青路面施工安全要领 ···································· 34
　　第三节　混凝土路面施工安全要领 ································ 39
　　第四节　路面修整施工安全要领 ···································· 42

第四章　桥涵工程施工安全要领 ·· 44
　　第一节　基础工程施工安全要领 ···································· 44

路桥建设安全生产宣传教育手册

第二节	墩台工程作业安全要领	54
第三节	上部工程作业安全要领	57
第四节	混凝土预制场施工安全要领	74
第五节	预制构件运输安全要领	77

第五章　隧道工程施工安全要领　　80

第一节	开挖、凿孔及爆破工程施工安全要领	80
第二节	洞内运输安全要领	84
第三节	支护、衬砌作业安全要领	87
第五节	竖井与斜井施工安全要领	91
第六节	通风及防尘作业安全要领	97
第七节	排水及防火作业安全要领	99
第八节	瓦斯防治安全要领	100

第六章　路桥员工工种安全作业规范　　104

第一节	模板工安全作业规范	104
第二节	木工安全作业规范	106
第三节	支架工、钢筋工安全作业规范	111
第四节	焊工、锅炉工安全作业规范	114
第五节	起重工安全作业规范	117
第六节	高处及水上安全作业规范	122

第七章　特殊情况施工安全作业规范　　128

| 第一节 | 季节安全作业规范 | 128 |
| 第二节 | 夜间安全作业规范与边通车、边施工地段安全作业规范 | 129 |

第一章 路桥员工通用安全守则

第一节 路桥施工、测量现场安全守则

一、路桥施工现场安全守则

1. 施工现场应有利于生产，方便职工生活，符合防洪、防火等安全要求，具备文明生产、文明施工的条件。

2. 施工现场的临时设施，必须避开泥沼、悬崖、陡坡、泥石流、雪崩等危险区域，选在水文、地质良好的地段。施工现场内的各种运输道路、生产生活房屋、易燃易爆仓库、材料堆放，以及动力通信线路和其他临时工程，应按照有关安全规定制定出合理的平面布置图。

3. 施工现场的生活生产房屋、变电所、发电机房、临时油库等均应设在干燥地基上，并应符合防火、防洪、防风、防爆、防震的要求。

4. 施工现场应设置安全标志,并不得擅自拆除。

5. 施工现场内的沟、坑、水塘等边缘应设安全护栏。场地狭小,行人和运输繁忙的路段应设专人指挥交通。

6. 生产、生活房屋应按防火规定保持必需的安全净距,一般情况下活动板房不小于 7 m,铁皮板房不小于 5 m,临时的锅炉房、发电机房、变电室、铁工房、厨房等与其他房屋的间距不小于 15 m。

7. 易燃易爆品仓库、发电机房、变电所,应采取必要的安全防护措施,严禁用易燃材料修建。炸药库的设置应符合国家有关规定。工地的小型临时油库应远离生活区 50 m 以外,并外设围栏。

8. 工地上较高的建（构）筑物、临时设施及重要库房，如炸药库、油库、发（变）电房、塔架、龙门吊架等，均应加设避雷装置。

9. 对环境有污染的设施和材料应设置在远离人员居住的较为空旷的地点。污染严重的工程场所应配有防污染设施。

二、施工测量安全守则

1. 密林、丛草间进行施工测量时，应遵守护林防火规定，严禁烟火，并需预防有害动、植物伤人。

2. 测量钉桩要注意周围行人的安全，不得对面使锤。钢钎和其他工具不得随意抛掷。

3. 测量人员在高压线附近工作时，必须保持足够的安全距离。遇雷雨时不得在高压线、大树下停留。

4. 在陡坡及危险地段测量时应系安全带，脚穿软底轻便鞋。在桥墩上测量时应有上、下桥墩及防止人体坠落的安全措施。

5. 在公路、街道、交通繁忙的道路上测量时，必须有专人警戒，防止交通事故。

6. 水文测量人员应穿救生衣。在陡峻的河岸进行观测时，应有简易便道和防护措施。

在通航河流上，测量船应有信号设备。在江中抛锚时应按港航监督部门的规定设置信号并有专人负责瞭望。夜间进行水文测量时，必须备有足够的照明设备。

7. 冰上测量时应向当地有关部门了解冰封情况，确认无危险后，方可作业。遇有封冰不稳定的河段及春季冰融期间，不得在冰上进行测量。

安全妙语"谨"上添花

路桥建设有规章　　施工测量工作忙
千头万绪寻重点　　安全生产第一桩

第二节　交通、水电设施安全守则

一、场内交通设施安全守则

1. 场内道路应经常维护，保持畅通。载重车辆通过较多的道路，其弯道半径一般不小于15 m，特殊情况不得小于10 m。手推车道路的宽度不小于1.5 m。急弯及陡坡地段应设置明显交通标志。与铁路交叉处应有专人照管，并设信号装置和落杆。

2. 靠近河流和陡壁处的道路，应设置护栏和明显警告标志。

3. 场内行驶斗车、平车的轨道应平坦顺直，纵坡不得大于3%，车辆应装制动闸，铁路终点应设置倒坡和车挡。

二、场内水电设施安全守则

1. 生产、生活用水应进行鉴定，水质必须符合国家现行标准。水源应采取保护措施，防止水质污染。

2. 场内架设的电线应绝缘良好，悬挂高度及线间距必须符合电业部门的安全规定。

3. 现场架设的临时线路必须用绝缘物支持,不得将电线缠绕在钢筋、树木或脚手架上。

4. 电工在接近高压线操作时,其安全距离为:10 kV 以下不得小于 0.7 m,20～35 kV 不得小于 1 m,44 kV 不得小于 1.2 m,否则必须停电后方可操作。

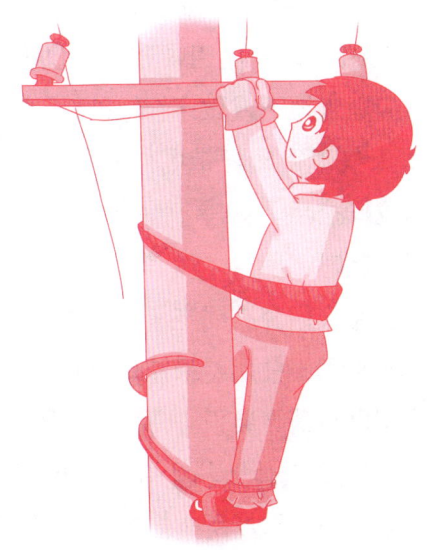

5. 各种电器设备应配有专用开关,室外使用的开关、插座应外装防水箱并加锁,在操作处加设绝缘垫层。

6. 在三相四线制中性点接地供电系统中,电气设备的金属外壳应做接零保护。在非三相四线制供电系统中,电气设备的金属外壳应做接地保护,其接地电阻应不大于 4 Ω,并不得在同一供电系统上有的接地、有的接零。

7. 各种电气设备的检查维修,一般应停电作业。如必须带电作业时,应有可靠的安全措施并派专人监护。

8. 工地安装变压器必须符合电业部门的要求，并设专人管理。施工用电要尽量保持三相平衡。

9. 现场的变（配）电设备处必须备有灭火器材和高压安全用具。非电工人员严禁接近带电设备。

10. 使用高温灯具，要防止失火，其与易燃物的距离不得小于 1 m，一般电灯泡距易燃物品不得小于 50 cm。

11. 移动式电气机具设备应用橡胶电缆供电，并经常注意理顺。跨越道路时，应埋入地下或做穿管保护。

12. 遇有雷雨天气不得爬杆带电作业。在室外无特殊防护装置时必须使用绝缘拉杆拉闸。

13. 施工现场的临时照明

（1）室内照明线路应用瓷夹固定。

（2）电线接头应牢固，并用绝缘胶带包扎。

（3）熔丝应按用电负荷量装设。

14. 产生大量蒸汽、气体、粉尘等工作场所，应使用密闭式电气设备。有爆炸危险的工作场所应使用防爆型电气设备。

15. 电气设备的传动带、转轮、飞轮等外露部位必须安设防护罩。

16. 检修电气设备时应按下列要求进行：

（1）电气设备的检修必须由电工进行，他人不得任意操作。

（2）工作中如遇停电应拉下开关，切断电源。检修结束必须仔细检查各项设备的情况，没有异常方可合闸。

（3）大型电气设备检修应在切断电源、设好防护后进行，并在开关处设置警示标牌，工作完成后方可拆除。如需进行送电试验时，必须在认真检查并与有关部门联系后方可进行。

17. 大型桥梁施工现场、隧道和预制场地，应有自备电源，以免因电网停电造成工程损失和出现事故。自备电源和电网之间，要有联锁保护。

安全妙语"谨"上添花

路桥建设要顺利　　交通水电必齐备
通行顺畅是基础　　水电安全人心系

三、临时码头安全守则

1. 临时码头位置应选在河流两岸比较开阔、河床比较稳定、水流顺直、地质较好的河段。两岸引道应保持坚固稳定。

2. 临时码头应按设计施工，并应配备相应的安全防护设施。

3. 渡船、拖轮应配有安全设施，按规定核定其载质量、车数、人数，严禁超载、超高、超宽。遇有上、下行船舶通过，不得横越抢渡。

4. 码头的附属设备，如跳板、支撑、船环、柱桩等应牢固可靠。

5. 搭设的栈桥必须坚固可靠，两侧人行道、轨道中间应铺满木板。栈桥临水端应设置靠船的靠帮和系缆设施。通过栈桥的电线、电缆要绝缘良好，并固定在栈桥的一侧。

6. 栈桥码头应有抗洪水、流冰及其他漂浮物的能力，工作人员应对各种设施经常维修。

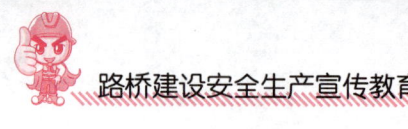

安全妙语"谨"上添花

临时码头很重要　　建设地点选择好
要想使用保安全　　设施设备要可靠

第三节　施工机械操作安全守则

1. 操作人员在工作中不得擅离岗位，不得操作与操作证不相符合的机械设备，不得将机械设备交给无此机种操作证的人员操作。

2. 操作人员必须按照此机说明书规定，严格执行工作前的检查制度和工作中注意观察及工作后的检查保养制度。

第一章 | 路桥员工通用安全守则

(1) 工作前应检查:

1) 工作场地周围有无妨碍工作的障碍物。

2) 油、水、电及其他保证机械设备正常运转的条件是否完备。

3) 安全、操作机构是否灵活可靠。

4) 指示仪表、指示灯显示是否正常可靠。

5) 油温、水温是否达到正常使用温度。

(2) 工作中应观察:

1) 指示灯和仪表、工作和操作机构有无异常。

2) 工作场地有无异常变化。

(3) 工作后应进行检查保养:

1) 工作机构有无过热、松动或其他故障。

2) 参照例行保养规定进行例保作业。

3) 做好下一班的准备工作。

4) 填写好机械操作履历表。

3. 驾驶室或操作室内应保持整洁,严禁存放易燃、易爆物

品，严禁酒后操作机械设备，严禁机械设备带故障运转或超负荷运转。

4. 机械设备在施工现场停放时，应选择安全的停放地点，关闭好驾驶室（操作室），要拉上驻车制动闸。坡道上停车时，要用三角木或石块抵住车轮。夜间应有专人看管。

5. 用手柄启动的机械设备应注意手柄倒转伤人，向机械设备内加油时附近应严禁烟火。

6. 柴、汽油机的正常工作温度应保持在 60～90℃，温度在 40℃以下时不得带负荷工作。

7. 对用水冷却的机械设备，当气温低于 0℃时工作后应及时放水，或采取其他防冻措施，以防冻裂机体。

8. 放置电动机的地点必须保持干燥，周围不得堆放杂物和易燃品。启动高压电开关及高压电机时，应戴绝缘手套，穿绝缘胶鞋。

安全妙语"谨"上添花

操作机械要小心　　准备工作须认真
开动之前细查看　　用后保养做充分

第二章 路基工程施工安全要领

第一节 场地清理安全要领

一、清理荒地安全要领

1. 清除的草丛、树木严禁放火焚烧,以防引起火灾。
2. 砍伐树木必须遵守下列规定:

(1)伐树前,应将周围有碍砍伐作业的灌木和藤条砍除,并选好安全躲避的退路。

(2)伐树范围内应布置警戒,非工作人员不得逗留、接近。

(3)为使树木按预定方向倾倒,要在树木下部倒树方向砍一剁口,其深度为树干直径的1/4,然后再从剁口上边缘的对面开锯,最后应留2~3 cm安全距离。

(4)在陡坡悬岩处砍伐树木,应有防止树木伐倒后顺坡溜滑和撞落石块伤人的安全措施。在山坡上严禁在同一地段的上、下处同时作业。

（5）截锯木料时，三叉马和树干垫撑必须稳固。

（6）大风、大雾和雨天不得进行伐树作业。

3. 清除淤泥时，应先排除积水，并制定相应的安全措施后方可作业。

二、拆除建（构）筑物安全要领

1. 拆除前应制定安全可靠的拆除方案。

2. 首先将与拆除物有连通的电线、水、气管道切断，并在四周危险区域围设安全护栏，非工作人员不得进入。

3. 拆除工序应由上而下，先外后里，严禁数层同时作业。

4. 操作人员应站在脚手架或稳固的结构部位作业。

5. 对有倒坍危险的结构物应予临时支撑加固。拆除某部位时要防止其他部位发生坍塌。

6. 拆除梁柱之前应先拆除其承托的全部结构物，严禁采用掏空、挖切和大面积推倒的拆除方法。

7. 当采用控爆法拆除大型建（构）筑物时，必须有经批准的控制爆破设计文件。

安全妙语"谨"上添花

清荒作业有要领　　先保安全后施工
拆除施工有技巧　　制定方案少不了

第二节　土方施工安全要领

一、挖掘土方施工安全要领

1. 开挖土方的操作人员之间必须保持足够的安全距离，横向间距不小于 2 m，纵向间距不小于 3 m。

2. 土方开挖必须自上而下顺序放坡进行，严禁采用挖空底脚的操作方法。

3. 在靠近建筑物、设备基础、电杆及各种脚手架附近挖土时，必须采取安全防护措施。

4. 高陡边坡处施工必须遵守下列规定：

（1）作业人员必须绑系安全带。

（2）边坡开挖中如遇地下水涌出，应先排水后开挖。

（3）开挖工作应与装运作业面相互错开，严禁上、下双重作业。

（4）弃土下方和有滚石危及范围内的道路应设警告标志，作业时坡下严禁通行。

（5）坡面上的操作人员对松动的土、石块必须及时清除，严禁在危石下方作业、休息和存放机具。

5. 设有支挡工程的地质不良地段，在考虑分段开挖的同时，应分段修建支挡工程。

6. 施工中如发现山体有滑动、崩坍迹象危及施工安全时，应暂停施工，撤出人员和机具，并报上级处理。

7. 滑坡地段的开挖，应从滑坡体两侧向中部自上而下进行，严禁全面拉槽开挖，弃土不得堆在主滑区内。开挖挡墙基槽也应从滑坡体两侧向中部分段跳槽进行，并加强支撑，及时砌筑和回填墙背。施工中应设专人观察，严防塌方。

8. 在落石与岩堆地段施工，应先清理危石和设置拦截设施后再行开挖。其开挖面坡度应按设计进行，坡面上松动石块应边挖边清除。

9. 岩溶地区施工，应认真处理岩溶水的涌出，以免导致突发性塌陷。泥沼地段施工，应有必要的防范措施，避免人、机下陷。挖出的废土应堆置在合适的地方，以防汛期造成人为的泥石流。

10. 采用人工挑、抬、运土时，应检查箩筐、土箕、抬扛、扁担、绳索等的牢固程度。

二、装运车辆运行安全要领

1. 会车时应轻车让重车。通过窄路、十字路口、交通繁忙地段及转弯时，应注意来往行人及车辆。重车运行前后两车间距必须大于 5 m，下坡时，间距不小于 10 m，并严禁车上乘人。车道应有专人维修，悬崖陡壁处应设防护栏杆。

2. 轨道翻斗车运土时，轨道应铺设平顺，防止死弯，坡度不应大于 3%。双线的净间距不得小于 1 m。平交道两侧的轨道应设长度不小于 20 m 的直线，卸车地段应有 10～15 m 的反坡，并在尽头设车挡。

3. 操作时必须遵守下列规定：

（1）车辆及制动装置必须完好，装车前应先插牢锁销。装车不得超载、偏载。

（2）车辆宜在平道上装土，如在坡道上装土时，必须在下坡方向车轮下加楔，以防车辆滑溜。

（3）推车人员必须掌好车闸，车速不宜过快，前方有人时应鸣号示意避让。多车同行时，前后间距不得小于20 m。

（4）卸土时，在下方的作业人员应避开，并应防止车辆倾覆，严禁在行走中卸土，卸土后应将锁销插好。

（5）数车同时卸土，应设专人指挥，两车间距不得小于2 m，其间严禁站人。

三、机械作业安全要领

1. 电动蛙式打夯机的电源线必须完好无损，并应安装漏电保护器。操作时应戴绝缘手套，一人操作、一人扶持电缆进行辅助。辅助与操作人员必须紧密配合，严禁在夯机前方隔机扔电缆和背线拖拉前进。电缆线不应扭结和缠绕，不得夯及电源线，也不得在斜坡上夯打。停用或搬运打夯机时应切断电源。

2. 大型机械进场前，应查清所通过道路、桥梁的净宽和承载力是否足够，否则应先予拓宽和加固。

3. 施工单位应为进场机械提供临时机棚或停机场地。机械在停机棚内启动时，必须保持通风。棚内严禁烟火，机械人员必须掌握所备灭火器材的使用方法。

4. 机械在危险地段作业时，必须设明显的安全警告标志，并应设专人站在操作人员能看清的地方指挥。驾机人员只能接受指挥人员发出的规定信号。

5. 机械在边坡、边沟作业时，应与边缘保持必要的安全距离，使轮胎（履带）压在坚实的地面上。

6. 配合机械作业的清底、平地、修坡等辅助工作应与机械作业交替进行。机上、机下人员必须密切配合，协同作业。当必须在机械作业范围内同时进行辅助工作时，应停止机械运转后，辅助人员方可进入。

7. 施工中遇有土体不稳、发生坍塌、水位暴涨、山洪暴发或在爆破警戒区内听到爆破信号时，应立即停工，人机撤至安全地点。当工作场地发生交通堵塞，地面出现陷车（机），机械运行道路发生打滑，防护设施毁坏失效，或工作面不足以保证安全作业时，亦应暂停施工，待恢复正常后方可继续施工。

四、挖掘机作业安全要领

1. 发动机启动后，铲斗内、臂杆、履带和机棚上严禁站人。

2. 工作位置必须平坦稳固。工作前履带应制动，轮胎式挖掘机应顶好支腿，车身方向应与挖掘工作面延伸方向一致，操作时进铲不应过深，提斗不得过猛。

3. 在高陡的工作面上挖掘夹有石块的土方时，应将较大的石块和杂物除掉。如果土体挖成悬空状态而不能自然塌落时，则需用人工处理，严禁用铲斗将悬空土方砸下。

4. 对吊杆顶端的滑轮和钢丝绳进行保养、检修拆换时，应将铲斗和吊杆放落地面，然后再进行维修。

5. 严禁铲斗从运土车的驾驶室顶上越过。向运土车辆卸土时，应降低铲斗高度,防止偏载或砸坏车厢。铲斗运转范围内,严禁站人。

五、推土机作业安全要领

1. 推土机上、下坡时,坡度不得大于30°。在横坡上作业,横坡度不得大于10°。下坡时,宜采用后退下行,严禁空挡滑行,必要时可放下刀片作辅助制动。

2. 在陡坡、高坎上作业时,必须有专人指挥,严禁铲刀超出边坡的边缘。送土终了应先换成倒车挡后再提铲刀倒车。

3. 在垂直边坡的沟槽作业,其沟槽深度对大型推土机不得超过2 m,对小型推土机不得超过1.5 m。推土机刀片不得推坡壁上高于机身的孤石或大土块。

4. 推土机在摘卸推土刀片时,必须考虑下次挂装的方便。摘刀片时辅助人员应同司机密切配合,抽穿钢丝绳时应带帆布手套,严禁将眼睛挨近绳孔窥视。

5. 多机在同一作业面作业时,前后两机相距不应小于8 m,左右相距应大于1.5 m。两台或两台以上推土机并排推土时,两推土机刀片之间应保持20~30 cm间距。推土前进必须以相同速度直线行驶。后退时,应分先后,防止互相碰撞。

6. 用推土机伐除大树或清除残墙断壁时,应提高着力点,防止其上部反向倒下。

六、铲运机作业安全要领

1. 拖式铲运机作业安全要领:

(1) 作业前应先将运行道路刮平,其宽度应大于机身,宽约 2 m。

（2）行驶中严禁把铲斗和斗门提升到最高点，以免在转弯时将钢丝绳崩断。下坡时应放下铲运机斗作辅助制动，严禁空挡滑行。

（3）铲斗与机身不正时不得铲土。在开始铲土和提斗时，动作要缓慢。驾驶员离开机车时，应将变速杆放在空挡，关闭发动机，将铲斗放落在地面。

（4）在新填的土堤上作业，应离开土堤边沿 1 m 以上。靠路堤边沿填土时，必须保持外侧高内侧低和纵向基本平顺，卸土时铲斗应放低，防止铲运机滑下。

（5）多台铲运机作业，前后净距不得小于 10 m，左右净距不得小于 2 m。两机会车应减速慢行。

（6）清除铲斗内积土时，必须先把铲斗牢固支起，推土板恢复常位后，人员才能进入铲斗内清除积土。

（7）长距离拖运，必须用挂钩将铲斗挂牢，解除钢丝绳负荷。

2. 自行式铲运机作业安全要领：

（1）自行式铲运机的行车道必须平整坚实，单行道的宽度不应小于 4.5 m（或车宽的 1.5 倍），超、会车时，两车净距不得小于 1 m。

（2）多台机械在工地纵队行驶时，前后间距不得小于 20 m。

（3）在作业过程中发现后主离合器制动不灵、机械有异声、警报器发声时，应立即停车检修。

（4）严禁在大于 15° 的横坡上行驶，不应在陡坡上进行危险性作业。

七、平地机作业安全要领

1. 在公路上行驶时，应遵守道路交通规则，刮刀和松土器应提起，刮刀不得伸出机侧，速度不得超过 20 km/h。夜间不宜作业。

2. 刮刀的回转与铲土角的调整以及向机外倾斜都必须在停机时进行。作业中刮刀升降量差不得过大。

3. 遇到坚硬土质需要齿耙翻松时，应缓慢下齿。不宜使用齿耙翻松坚硬旧路面。

4. 在坡道停放时，应使车头向下坡方向，并将刀片或松土器压入土中。

八、装载机作业安全要领

1. 起步前应将铲斗提升到离地面 0.5 m 左右。作业时应使用低速挡。用高速挡行驶时，不得进行升降和翻转铲斗。严禁铲斗载人。

2. 行驶道路应平坦，不得在倾斜度超过规定的场地上作业，运送距离不宜过大。铲斗满载运送时，铲斗应保持在低位。

3. 在松散不平的场地作业，可将铲臂放在浮动位置，使铲斗平稳地推进。如推进阻力过大，可稍稍提升铲臂，装料时铲斗应从正面低速插入，防止铲斗单边受力。

4. 向运输车辆上卸土时应缓慢，铲斗应处在合适的高度，前翻和回位不得碰撞车厢。

5. 应经常注意机件运转声响，发现异响应立即停车排除故障。当发动机不能运转需要牵引时，应使各转向油缸能自由动作。

九、汽车作业安全要领

1. 载重汽车作业安全要领：

（1）必须按规定吨位装载，不得超载、超高，不得人货混载，驾驶室内不得超员坐人。

（2）车辆装土场地必须平整坚实，当用机械装土时，汽车就位后应拉紧手闸，装载均匀，不得偏载。

（3）在陡坡、高坡、坑边或填方边坡处卸土时，停卸地点必须平整坚实，地面宜有反坡，与边缘必须保持安全距离。在危险地段卸土，应有专人指挥。

（4）公路上行驶必须遵守道路交通规则。运载易燃、易爆等危险物品时，应遵守有关规定，除必要的随车人员外，不得搭乘其他人员。

2. 自卸汽车作业安全要领。除应遵守载重汽车的各条规定外，还应遵守下列规定：

（1）发动机启动后应检查起翻装置，确保良好。严禁在驾驶室外进行操作，翻斗内严禁载人。

（2）当装载高度超过车厢拦板时，应平稳行驶，不得猛力加速，也不得紧急制动。

（3）卸料起斗时，应检视上空有无电线，防止刮断。

3. 轮式拖拉机作业：

（1）拖拉机和拖斗之间严禁站人。

（2）作业时不得在陡坡上转弯、倒车或停车。通行道路的纵坡不得超过20°，横坡不得超过6°。

（3）作业时严禁向驾驶员传递物品。驾驶室内不得超员坐人。

（4）在斜坡横向卸土时，严禁倒退。坡度较大，车身左右偏斜过大时，不得卸土。

十、压路机作业安全要领

1. 必须在压路机前后、左右无障碍物和人员时才能启动。

2. 变换压路机前进后退方向应待滚轮停止后进行。严禁利用换向离合器作制动用。

3. 压路机靠近路堤边缘作业时，应根据路堤高度留有必要的安全距离。碾压傍山道路时，必须由里侧向外侧碾压。上坡时变速应在制动后进行，下坡时严禁脱挡滑行。

4. 两台以上压路机同时作业，其前后间距不得小于 3 m。在坡道上纵队行驶时，其间距不得小于 20 m。

5. 振动压路机还应遵守下列规定：

（1）起振和停振必须在压路机行走时进行。在坚硬路面行走，严禁振动。

（2）碾压松软路基，应先在不振动情况下碾压 1～2 遍，然后再振动碾压。

（3）换向离合器、起振离合器和制动器的调整，必须在主离合器脱开后进行，不得在急转弯时用快速挡。严禁在尚未起振情况下调节振动频率。

安全妙语"谨"上添花

土方施工很常见　　合理作业保安全
使用机具要小心　　操作规程记心中

第三节　石方施工安全要领

一、炮眼施工安全要领

1. 锻制钢钎时，锻工应按规定穿戴防护用品，淬火支架必须牢固。截断钎子时，开锤及停锤用力应轻。热钎和冷钎应分开放置并以标志识别。

2. 选择炮位时，炮眼口应避开正对的电线、路口和构造物。

3. 凿打炮眼时，坡面上的浮岩危石应予清理。凿眼所用工具和机械要详加检查，确认完好。严禁在残眼上打孔。

4. 用人力冲击法打松软岩眼时，应清理现场的障碍物。双人、多人冲钎时动作应协调一致。

5. 人工打眼时，使锤人应站立在掌钎人侧面，严禁对面使锤。

6. 机械扩眼，宜采用湿式凿岩或带有捕尘器的凿岩机。凿岩机支架要支稳，严禁用胸部和肩头紧顶把手。风动凿岩机的管道要顺直，接头要紧密，气压不应过高。电动凿岩机的电缆线宜悬空挂设，工作时应注意观察电流值是否正常。

7. 空气压缩机必须在无荷载状态下启动。开启送气阀前，应将输气管道连接好，不得扭曲。在征得凿岩机操作人员同意后方可送气，出气口前方不得有人工作或站立。储气瓶内压力不得超过规定值，安全阀应灵敏有效。运转中应注意检查是否有异常情况，不得擅离岗位。

二、爆破施工安全要领

1. 石方爆破作业，以及爆破器材的管理、加工、运输、检验和销毁等工作均应按国家现行的《爆破安全规程》执行。

2. 爆破器材应严格管理，必须如实上报，剩余的爆破材料必须当日退库，严禁私自收藏，乱丢乱放。更不得用爆炸物品炸鱼、炸兽。发现爆破器材丢失、被盗要立即报告，等待处理。

3. 作业人员在保管、加工、运输爆破器材过程中，严禁穿着化纤衣服。

4. 爆破器材应按规定要求进行检验，对失效及不符合技术条件要求的不得使用。

5. 爆破器材应由专人领取，炸药与雷管严禁由一人同时搬运。电雷管严禁与带电物品一起携带运送。爆破器材运送，应避开人员密集地段，并直接送往工地，中途不得停留，并不得随地存放或带入宿舍。

6. 制作起爆药包（柱），应在专设的加工房或爆破现场的专用棚内进行。棚内不准有电气、金属设备，无关人员不得入内。

导火索要用快刀切齐，轻轻插入雷管，不得猛插、旋转或摩擦。管口要用安全铰钳夹紧，严禁用牙咬。纸壳雷管应用胶布包扎严密。

药卷应用和雷管同样直径的竹、木锥子扎一个深为 1.5 倍雷管长度的小孔，然后放入接好引线的雷管，封闭扎口。雷管不得露在药柱外面。加工的起爆药包（柱），不应超过当班爆破作业的需要量。

7. 扩药壶时，孔口的碎石、杂物必须清除干净。装药量应随扩壶次数、扩壶的大小和石质而定，不得盲目加大药量。扩壶时，起爆药柱送下孔底后，不得使用炮棍在炮眼内捣插。导火索点燃后，人应迅速远离。严禁采用先点燃导火索再将药柱抛入孔底的危险操作方法。

需要多次扩壶时，每次爆破后15 min（硝化甘油炸药应经过30 min），等孔壁岩石冷却后，方可再次装药扩壶。

8. 超过5 m的深孔不得使用导火索起爆。

9. 装炮工作必须遵守下列规定：

（1）装药前应对炮眼进行验收和清理。对刚打成的炮眼应待其冷却后装药，湿炮眼应擦干后才能装药。

（2）严禁烟火和明火照明。无关人员应撤离现场。

（3）应用木质炮棍装药，严禁使用金属器皿装药。深孔装药出现堵塞时，在未装入雷管、起爆药柱前，装好的爆药包（柱）和硝化甘油类炸药，严禁投掷或冲击。

（4）不得采用无填塞爆破（扩壶除外），也不得使用石块和易燃材料填塞炮孔。不得捣固直接接触药包的填塞材料或用填塞材料冲击起爆药包，也不得在深孔装入起爆药包后直接用木楔填塞。填塞炮眼时不得破坏起爆线路。

10. 已装药的炮孔必须当班爆破，装填的炮孔数量应以一次爆破的作业量为限。

11. 爆破工作必须有专人指挥。确定的危险区边界应有明显的标志，警戒区四周必须派设警戒人员。警戒区内的人、畜必须撤离，施工机具应妥善安置。预告、起爆、解除警戒等信号应有明确的规定。

12. 导火索起爆应采用一次点火法点火,其长度应保证点完导火索后人员能撤至安全地点,但不得短于 1.2 m。不得在同次爆破中使用不同燃速的导火索。

13. 露天爆破时一人连续点火的导火索根数不得超过 10 根,严禁使用明火点燃,严禁脚踩和挤压已点燃的导火索。

14. 多人同时点炮时,每人点炮数应大致相等。必须先点燃信号管,信号管响后无论导火索点完与否,人员必须立即撤离。信号管的长度不得超过该次被点导火索中最短导火索长度的 1/3。

15. 爆破时,应点清爆炸数与装炮数量是否相符。确认炮响完并过 5 min 后,方准爆破人员进入爆破作业点。

16. 电力起爆必须遵守下列规定：

（1）在同一爆破网路上必须使用同厂、同型号的电雷管,其电阻值差不得超过规定值（应控制在 ±0.2 Ω 以内）。

（2）爆破网路主线应绝缘良好,并设中间开关,与其他电源线路应分开敷设。

（3）必须严格检查主线、区域线、端线、电源开关和插座等的断通与绝缘情况,在联入网络前各自的两端应短路。

（4）爆破网路的连接必须在全部炮孔装填完毕、无关人员全部撤至安全地点后进行。连接应由工作面向起爆站依次进行,两线的接点应错开 10 cm,接点必须牢固,绝缘良好。

（5）用动力或照明电源起爆时,起爆开关必须放在上锁的专用起爆箱内,起爆开关箱和起爆器的钥匙在整个爆破作业时间里必须由爆破工作的负责人严加保管,不得交给他人。

（6）装好炸药包后,必须撤除工作面的一切电源。雷雨季节应采用非电起爆法。

17. 裸露爆破必须保证先爆的药包不致破坏其他药包，否则应用齐发起爆。严禁用石块覆盖裸露药包，不应将炸药包插入石缝中进行爆破，特殊情况使用时，必须采用可靠的安全措施。

18. 各种类型的"盲炮"处理应按国家现行的《爆破安全规程》有关规定办理。

19. 大型爆破必须按审批的爆破设计书，在征得当地县（市）以上公安部门同意后，由成立的现场指挥机构组织人员实施。

大型爆破的安全距离，除考虑个别飞散物的因素外，尚应考虑因爆破引起地震及冲击波对人员、设施及建筑物的影响，按规定经计算后确定安全距离。

20. 石方地段爆破后，必须确认已经解除警戒，作业面上的悬岩危石也经检查处理后，清理石方人员方准进入现场。

21. 撬动岩石必须由上而下逐层撬（打）落，严禁上下双重作业，不得将下面撬空使其上部自然塌落。撬棍的高度不宜超过人的肩膀，不得将棍端紧抵腹部，也不得把撬棍放在肩上施力。

22. 抬运石块的铁链或绳索应理顺并拴牢，抬运时应同起同落、步调一致。

安全妙语"谨"上添花

石方作业难度高　　一般手段干不了
攻坚克难靠放炮　　安全措施要做好

第四节 防护工程安全要领

一、防护工程砌筑作业安全要领

1. 边坡防护作业，必须搭设牢固的脚手架。

2. 砌石工程必须自下而上砌筑。片石改小不得在脚手架上进行。护墙砌筑时，墙下严禁站人。抬运石块上架，跳板应坚固，并设防滑条。

3. 抹面、勾缝作业必须先上后下。严禁在砌筑好的坡面上行走，上、下时必须用爬梯。架上作业时架下不准有人操作或停留，不得上面砌筑、下面勾缝。

二、砂浆拌和机作业安全要领

1. 拌和机应安置稳妥，开机前必须确认传动及各部装置牢固可靠，操作灵活。运转中不得用手或木棒等伸进筒内清理筒口的灰浆。

2. 作业中如发生故障，应立即切断电源，并将筒内砂浆倒出。

三、砂浆喷射机作业安全要领

1. 砂浆输送泵作业安全要领：

（1）输送管道各接头应连接牢固，并设有牢固的支撑，尽量减少管道长度和弯管数量，管道上不得加压或悬挂重物。

（2）作业前应空运转，在确认旋转方向正确，电路开关、传动保护装置及料斗滤网齐全可靠后，方可进行作业。

（3）运转正常后，方可向泵内注入砂浆。砂浆泵须连续运转，短时间不用砂浆时，应打开回浆阀使砂浆在泵内循环运行。如停机时间较长时，应每隔 3～5 min 泵送一次，使灰浆在管道和泵体内流动，以防凝结、阻塞。

（4）工作中应随时注意压力表指针是否正常，检查球阀、阀座和挤压管有无异常，如发现漏浆应停机修复后方可继续作业。

（5）因故障停机时，应打开泄浆阀使压力下降，然后再排除故障。砂浆泵压力未降到零时，不得拆卸空气室、压力安全阀和管道。

2. 砂浆喷射机作业安全要领：

（1）喷射机应保持内部清洁，输送泵和喷射机人员应密切联系，协调配合。

（2）在喷嘴前范围内不得站人。工作停歇时喷嘴不得朝向有人的方向。

（3）输料软管如发生堵塞，可用木棍轻轻敲打外壁，如无效时可在关闭砂浆后拆卸胶管，用压缩空气吹通。

（4）转换作业面时，输料软管不得随地拖拉和弯折。

第三章 路面工程施工安全要领

第一节 基层施工安全要领

一、碎石机作业安全要领

1. 进料要均匀，不得过大，严防金属块等混入。出料口上方应有挡板。
2. 不得从上方向碎石机口内窥视。
3. 若石料卡住进口，应用铁钩翻动，严禁用手搬动。

二、稳定土拌和机作业安全要领

1. 应根据不同的拌和材料，选用合适的拌和齿。
2. 拌和作业时，应先将转子提起离开地面空转，然后再慢慢下降至拌和深度。
3. 在拌和过程中，不能急转弯或原地转向，严禁使用倒挡进行拌和作业。遇到底层有障碍物时应及时提起转子,进行检查处理。

4. 拌和机在行走和作业过程中,必须采用低速,保持匀速。液压油的温度不得超过规定。

5. 停车时应拉上制动,将转子置于地面。

三、场拌稳定土机械作业安全要领

1. 皮带运输机应尽量降低供料高度,以减轻物料冲击。在停机前必须将料卸尽。

2. 拌和机仓壁振动器在作业中铁芯和衔铁不得碰撞,如发生碰撞应立即调整振动体的振幅和工作间隙。仓内不出料时,严禁使用振动器。

3. 拌和结束后给料斗、储料仓中不得有存料。

4. 搅拌壁及叶桨的紧固状况应经常检查,如有松动应立即拧紧。

四、碎石撒布机作业安全要领

1. 自卸汽车与撒布机联合作业,应紧密配合,以防碰撞。

2. 撒布碎石,车速要稳定,不应在撒布过程中换挡。严禁撒布机长途自行转移。

3. 在工地作短距离转移时,必须停止拨料辊及皮带运输机的传动,并注意道路状况以防碰坏机件。

4. 作业时无关人员不得进入现场,以防碎石伤人。

5. 石料的最大粒径不得超过说明书中的规定。

五、洒水车作业安全要领

1. 洒水车在公路上抽水时，不得妨碍交通。
2. 在有水草和杂物的水道中抽水，吸水管端应加设过滤网罩。
3. 洒水车在上下坡及弯道运行中，不得高速行驶，并避免紧急制动。
4. 洒水车驾驶室外不得载人。

第二节　沥青路面施工安全要领

一、沥青操作人员安全要领

1. 沥青操作人员均应进行体检。凡患有结膜炎、皮肤病及对沥青过敏反应者，不宜从事沥青作业。
2. 从事沥青作业人员，皮肤外露部分均须涂抹防护药膏。工地上应配有医务人员。
3. 沥青操作工的工作服及防护用品，应集中存放，严禁穿戴回家和进入集体宿舍。
4. 沥青的加热及混合料拌制，宜设在人员较少、场地空旷的地段。产量较大的拌和设备，有条件的应增设防尘设施。
5. 块状沥青搬运一般宜在夜间和阴天进行，尤应避免炎热季节。搬运时宜采用小型机械装卸，不宜用手直接装运。
6. 液态沥青宜采用液态沥青车运送，使用时应遵守下列规定：

（1）用泵抽送热沥青进出油罐时，工作人员应避让。

（2）向储油罐注入沥青，当浮标指标达到允许最大容量时，要及时停止注入。

（3）满载运行时，遇有弯道、下坡时要提前减速，避免紧急制动。油罐装载不满时要始终保持中速行驶。

7. 采用吊耳吊装桶装沥青时，应遵守下列规定：

（1）吊装作业应有专人指挥。沥青桶的吊索应绑扎牢固。

（2）吊起的沥青桶不得从运输车辆的驾驶室上空越过，并应稍高于车厢板，以防碰撞。

（3）吊臂旋转半径范围内不得站人。

（4）沥青桶未稳妥落地前，严禁卸、取吊绳。

8. 人工装卸桶装沥青时，应遵守下列规定：

（1）运输车辆应停放在平坡地段，并拉上手闸。

（2）跳板应有足够的强度，坡度不应过陡。

（3）沥青桶不得漏油，否则应先堵漏，后搬运。

（4）放倒的沥青桶经跳板向上（下）滚动装（卸）车时，要在露出跳板铁桶的两侧各套一根绳索，收放绳索时要缓慢，并应两端同步上下。

9. 人工运送液态沥青，装油量不得超过容器的2/3。

10. 沥青的预热与熬制可采用蒸汽、导热油、太阳能及远红外等加工工艺。

11. 蒸汽加温沥青时，其蒸汽管道应连接牢固，严加保护，在人员易触及的部位，必须用保温材料包扎。

12. 太阳能油池上面的工作梯必须具有防滑措施，严禁非作业人员攀登。

13. 远红外加热沥青，应遵守下列规定：

（1）使用前应检查机电设备和短路过载保安装置是否良好，电气设备有无接地，确认符合要求后方可合闸作业。

（2）沥青油泵应进行预热，当用手能转动联轴器时，方可启动油泵送油。输油完毕后将电机反转，使管道中余油流回锅内，并立即用柴油清洗沥青泵及管道。清洗前必须关闭有关阀门，严防柴油流入油锅。

14. 导热油加热沥青，应遵守下列规定：

（1）加热炉使用前必须进行耐压试验，水压力应不低于额定工作压力的二倍。

（2）对加热炉及设备应作全面检查，各种仪表应齐全完好。泵、阀门、循环系统和安全附件应符合技术要求，超压、超温报警系统应灵敏可靠。

（3）必须经常检查循环系统有无渗漏、振动和异声，定期检查膨胀箱的液面是否超过规定，自控系统的灵敏性和可靠性是否符合要求，并应定期清除炉管及除尘器内的积灰。

（4）导热油的管道应有防护设施。

15. 洒布车（机）工作地段应有专人警戒。施工现场的障碍物应清除干净，洒油时作业范围内不得有人。施工现场严禁使用明火。

二、沥青洒布作业安全要领

1. 沥青洒布车作业安全要领：

（1）检查机械、洒布装置及防护、防火设备是否齐全有效。

（2）采用固定式喷灯向沥青箱的火管加热时，应先打开沥青箱上的烟囱口，并在液态沥青淹没火管后，方可点燃喷灯。加热喷灯的火焰过大或扩散蔓延时应立即关闭喷灯，待多余的燃油烧尽后再行使用。喷灯使用前，应先封闭吸油管及进料口，手提喷灯点燃后不得接近易燃品。

（3）满载沥青的洒布车应中速行驶。遇有弯道、下坡时应提前减速，尽量避免紧急制动。行驶时严禁使用加热系统。

（4）驾驶员与机上操作人员应密切配合，操作人员应注意自身的安全。作业时在喷洒沥青方向10 m以内不得有人停留。

2. 沥青洒布机作业安全要领：

（1）工作前应将洒布机车轮固定，检查高压胶管与喷油管连接是否牢固，油嘴和节门是否畅通，机件有无损坏。检查确认完好后，再将喷油管预热，安装喷头，经过在油箱内试喷后，方可正式喷洒。

（2）装载热沥青的油涌应坚固，不得漏油，其装油量要低于桶口10 cm。向洒布机油箱注油时，油桶要靠稳，在油箱口缓慢向下倒油，不得猛倒。

（3）喷洒沥青时，手握的喷油管部分应加缠旧麻袋或石棉绳等隔热材料。操作时，喷头严禁向上。喷头附近不得站人，不得逆风操作。

（4）压油时，速度要均匀，不得突然加快。喷油中断时，应将喷头放在洒布机油箱内，固定好喷管，不得滑动。

（5）移动洒布机，油箱中的沥青不得过满。

（6）喷洒沥青时，如发现喷头堵塞或其他故障，应立即关闭阀门，等修理完好后再行作业。

3. 沥青混合料拌和设备作业安全要领：

（1）作业前，热料提升斗、搅拌器及各种盛斗内不得有存料。

（2）配有湿式除尘系统的拌和设备其除尘系统的水泵应完好，并保证喷水量稳定且不中断。

（3）卸料斗处于地下底坑时，应防止坑内积水淹没电器元件。

（4）拌和机启动、停机，必须按规定程序进行。点火失效时，应及时关闭喷燃器油门，待充分通风后再行点火。需要调整点火时，必须先切断高压电源。

（5）液化气点火时，必须有减压阀及压力表。燃烧器点燃后，必须关闭总阀门。

（6）连续式拌和设备的燃烧器熄火时应立即停止喷射沥青。当烘干拌和筒着火时，应立即关闭燃烧器鼓风机及排风机，停止供给沥青，再用含水量高的细骨料投入烘干拌和筒，并在外部卸料口用干粉或泡沫灭火器进行灭火。

（7）关机后应清除皮带上、各供料斗及除尘装置内外的残余积物，并清洗沥青管道。

4. 沥青混合料拌和站的各种机电（包括使用微电脑控制进料的）设备作业安全要领：

（1）在运转前均需由机工、电工、电脑操作人员进行详细检查，确认正常完好后才能合闸运转。

（2）机组投入正常运转后，各部门、各工种都要随时监视各部位运转情况，不得擅离岗位。

（3）运转过程中，如发现有异常情况，应报告机长，并及时排除故障。停机前应首先停止进料，等各部位（拌鼓、烘干筒等）卸完料后，才可提前停机。再次启动时，不得带负荷启动。

（4）运转中严禁人员靠近各种运转机构。

（5）搅拌机运行中，不得使用工具伸入滚筒内掏挖或清理。

需要清理时必须停机。如需人员进入搅拌鼓内工作时，鼓外要有人监护。

（6）料斗升起时，严禁有人在斗下工作或通过。检查料斗时应将保险链挂好。

（7）拌和站机械设备需经常检查的部位应设置铁爬梯。采用皮带机上料时储料仓应加防护。

5. 沥青混合料摊铺机作业安全要领：

（1）驾驶台及作业现场要视野开阔，清除一切有碍工作的障碍物。作业时无关人员不得在驾驶台上逗留。驾驶员不得擅离岗位。

（2）运料车向摊铺机卸料时，应协调动作，同步行进，防止互撞。

（3）换挡必须在摊铺机完全停止时进行，严禁强行挂挡和在坡道上换挡或空挡滑行。

（4）熨平板预热时，应控制热量，防止因局部过热而变形。加热过程中，必须有专人看管。

（5）驾驶力求平稳，不得急剧转向。弯道作业时，熨平装置的端头与路缘石的间距不得小于10 cm，以免发生碰撞。

（6）用柴油清洗摊铺机时，不得接近明火。

第三节　混凝土路面施工安全要领

一、混凝土拌和及运送安全要领

1. 手推车或小型翻斗车装运混凝土，车辆之间应保持一定的安全距离。

2. 水泥混凝土运输车运送混凝土拌和物时，应遵守下列规定：

（1）液压泵、液压马达及阀件应紧固，并与管道连接牢固，密封良好。各泵旋转时应无卡阻和异常声响。

（2）当传动系统出现故障，液压油输出中断而导致滚筒停转，并一时无法修复时，要利用紧急排出系统快速排出混凝土拌和物。

（3）严禁用手触摸旋转中的搅拌筒和随动轮。

3. 自卸汽车运送混凝土拌和物，不得超载和超速行驶。车停稳后方准顶升车厢卸料。车厢尚未放下时，操作人员不得上车清除残料。

二、摊铺作业安全要领

1. 装卸钢模时，必须逐片轻抬轻放，不得随意抛掷。

2. 拆下的木模应及时起钉，堆放整齐。

3. 轨模式水泥混凝土摊铺机安全要领：

（1）布料机与振平机之间应保持 5～8 m 的安全距离。

（2）布料机传动钢丝的松紧要适度。不得将刮板置于运行方向垂直的位置，也不得借助整机的惯性冲击料堆。

（3）作业中严禁驾驶员擅自离开驾驶台。无关人员不得在驾驶台上停留或上下摊铺机。在弯道上作业时，要注意防止摊铺机脱轨。

4. 滑模式水泥混凝土摊铺机安全要领：

（1）停机处应平坦、坚实，并用支垫牢固的木块垫起机体。履带垫离地面后方可进行调整、安装工作。

（2）调整机器高度时，工作踏板及扶梯等处不得站人。作业期间严禁碰撞引导线。

（3）摊铺机应避免紧急转向，防止与预置钢筋、路基缘石等碰撞。

（4）摊铺机不得牵引其他机械。其他机械牵引摊铺机时应用刚性拖杆。

（5）摊铺机停放在通车道路上时，周围必须设置明显的安全标志。夜间应以红灯示警，其能见度不得小于150 m。

5. 真空吸水作业时，严禁操作人员在吸垫上行走或将物件置压在吸垫上。

6. 使用水泥混凝土抹平机时，应确保抹平机的叶片光洁平整，并处于同一水平面，其连接螺栓应紧固不松动，并在无负荷状态下启动。电缆要有专人收放，确保不打结，不砸压，如发现有异常现象应立即停机检查。

三、切缝、养生作业安全要领

1. 切缝机锯缝时，刀片夹板的螺母应紧固，各连接部位和安全防护罩应完好正常。切缝前应先打开冷却水，冷却水中断时应停止切缝。

切缝时刀片要缓缓切入，并注意割切深度指示器，当遇有较大切割阻力时，应立即升起刀片检查。停止切缝时应先将刀片提离板面后才可停止运转。

2. 薄膜养护的溶剂，一般具有毒性和易燃等特性，应做好储运、装卸的安全工作。喷洒时应站在上风，穿戴安全防护用品。

第四节 路面修整施工安全要领

一、压路机作业安全要领

1. 严禁在压路机没有熄火、下无支垫三角木的情况下进行机下检修。

2. 压路机应停放在平坦、坚实并对交通及施工作业无妨碍的地方。停放在坡道上时，前后轮应置垫三角木。

3. 压路机前后轮的刮板，应保持平整良好。碾轮刷油或洒水的人员应与司机密切配合，必须跟在辗轮行走的后方，要注意压路机转向。

二、旧路面凿除施工安全要领

1. 旧路面凿除宜分小段进行，以免妨碍交通。

2. 用镐开挖旧路面时，应并排前进，左右间距应不少于 2 m，不得面对面使镐。

3. 大锤砸碎旧路面时，周围不得有人站立或通行。锤击钢钎时，使锤人应站在扶钎人的侧面，使锤者不得戴手套，锤柄端头应有防滑措施。

4. 风动工具凿除旧路面，应遵守下列规定：

（1）各部管道接头必须紧固，不漏气。胶皮管不得缠绕打结，并不得用折弯风管的办法作断气之用，也不得将风管置于胯下。

第三章 路面工程施工安全要领

（2）风管通过过道，须挖沟将风管下埋。

（3）风管连接风包后要试送气，检查风管内有无杂物堵塞。送气时，要缓慢旋开阀门，不得猛开。

（4）风镐操作人员应与空压机司机紧密配合，及时送气或闭气。

（5）钎子插入风动工具后不得空打。

5. 利用机械破碎旧路面时，应有专人统一指挥，操作范围内不得有人，铲刀切入地面不宜过深，推刀速度应缓慢。

第四章

桥涵工程施工安全要领

第一节 基础工程施工安全要领

一、明挖基础作业安全要领

1. 开挖基坑时,如对邻近建(构)筑物或临时设施有影响时,应采取安全防护措施。

2. 挖掘机等机械在坑顶进行挖基出土作业时,机身距坑边的安全距离应视基坑深度、坡度、土质情况而定。一般应不小于1.0 m,堆放材料及机具时应不小于0.8 m。

3. 采用桅杆吊斗或皮带运输机出土时,应检查吊斗绳索、挂钩、机具等是否完好牢固。吊斗升降时,坑内作业人员应躲离吊斗升降移动范围以外。吊斗不使用时,应及时摘下,不得悬挂。

4. 在水中挖基,应备有便于出入基坑的爬梯等安全设施。

5. 开挖中,当坑沿顶面裂缝、坑壁松塌或遇有涌水、涌砂影响基坑边坡稳定时,应立即加固防护。

6. 基坑需机械抽、排水开挖时,须配备足够的抽、排水设备,抽水机及管路等要安放牢靠。

7. 小型桥涵施工,如不能保证车辆通行时,应事先修好便道或便桥(涵),并在修建桥涵的公路两端设置"禁止通行"的标志。

8. 寒冷地区采用冻结法开挖基坑时,应根据地质、水文、气温等情况,分层冻结,逐层开挖。

9. 基坑开挖需要爆破,应按国家现行的《爆破安全规程》办理。

二、筑岛、围堰作业安全要领

1. 吸泥船吹砂筑岛时,作业区内严禁船舶进入。承载吸泥管道的浮筒上不得行人。

2. 挖基工程所设置的各种围堰和基坑支撑,其结构必须坚固牢靠。基础施工中,挖土、吊运、浇筑混凝土等作业,严禁碰撞支撑,并不得在支撑上放置重物。施工中发现围堰、支撑有松动、变形等情况时,应及时加固,危及作业人员安全时应立即撤出。

3. 基坑较深时,四周应悬挂人员上、下的扶梯。

4. 基坑支撑拆除时,应在施工负责人的指导下进行。拆除支撑应与基坑回填相互配合进行。有引起坑壁坍塌危险时,必须采取安全措施。

5. 在围堰内作业,遇有洪水或流冰,应立即撤出作业人员。

三、钢板桩及钢筋混凝土板桩围堰作业安全要领

1. 插打钢板桩（包括钢筋混凝土板桩，下同）围堰前，应对打桩机具进行全面检查。

2. 钢板桩起吊前，钢板桩凹槽部位应清扫干净，锁口应先进行修整或试插。组拼的钢板桩组件，应采用坚固的夹具夹牢，不得将吊具拴在钢板桩夹具上。钢板桩吊环的焊接应由专人检查，必要时应进行试吊。

3. 打桩机和卷扬机应设专人操作。钢板桩起吊，应听从信号指挥。作业时，应在钢板桩上拴好溜绳，防止起吊后急剧摆动。吊起的钢板桩未就位前桩位附近不得站人。

4. 钢板桩插进锁口后，因锁口阻力不能插放到位而需桩锤压插时，应采用卷扬机钢丝绳控制桩锤下落行程，防止桩锤随钢板桩突然下滑。

5. 插打钢板桩，如因吊机高度不足，可向下移动吊点位置，但吊点不得低于桩顶下 1/3 桩长的位置。

6. 钢板桩在锤击下沉时，初始阶段应轻打。桩帽（垫）变形时应及时更换。

四、套箱围堰作业安全要领

1. 深水处水中构筑物采用套箱围水修建时，套箱的结构应按设计制造，并经检查验收后方可交付使用。

2. 各种钢套箱，在浮运或装配中，必须具有足够的稳定性和刚度，并要制定吊运、组装、拆卸时的安全技术措施。

3. 套箱采用船组辅助定位时，应先将定位船、导向船（或其他导向设施）就位。定位船锚的设置应根据流速、河床地质情况具体确定。定位船锚在施放时，位置应准确，并要采取措施防止下锚时锚链（绳）缠绕或刮带伤人。抛锚地点应设置浮标，船只上的锚固绳栓均要加固补强。

4. 钢套箱进入现场定位后，应检查锚碇系统的稳定情况，确认无误后方可进行下步工作。船间的通道及连结梁上，应铺设人行道板和栏杆。

5. 钢套箱刚刚落床尚未稳定前应防止来往船舶、流冰、漂流物等碰撞导向船、锚绳等设施。

6. 当沉浮式双壁钢套箱注水下沉或排水上浮时，必须对称均衡进行施工，并防止产生过大的倾斜。

7. 钢套箱拆除，应按施工组织设计规定的程序进行。作业时安全防护设施应齐备。

五、沉井基础作业安全要领

1. 沉井的初沉阶段不宜在汛期施工。如必须在汛期、凌汛期施工时，应采取稳妥可靠的安全防护措施。

2. 在围堰筑岛上就地浇筑的沉井，围堰要牢固，防止冲刷产生塌陷。

3. 抽拔垫板时，应派人在沉井外观察和指挥。

4. 沉井下沉，采用人工挖掘时，劳动组织要合理，井内人员不宜过多。在刃脚处挖掘，应对称均匀掘进，并保持沉井均衡下沉。下井操作人员安全防护用品必须佩戴齐全。井内要有充足的照明。沉井各室均应备有悬挂钢梯及安全绳，以应急需。涌水、

涌砂量大时，不宜采用人工开挖下沉。

5. 井内、井上搭设的抽水机台座（架）必须安装牢靠。电路应使用防水胶线，防止漏电。

6. 沉井顶面应设安全防护围拦。井顶上的机具应设防护挡板，小型工具宜装箱存放。在沉井刃脚和井内横隔墙附近不得有人停留、休息。

7. 用吊斗出土时，斗梁与吊钩应封绑牢固，并应经常检查斗梁、斗门等磨损情况，损伤部位应更换或加固。吊斗升降时，井顶指挥人员应通知井下人员暂时避开。

8. 采用抓斗进行不排水下沉时，如钢丝绳缠绕在一起而需要转动抓斗进行排除时，作业人员应站在有护栏的部位。

9. 不排水下沉中，应均匀出土，不得超挖超吸。必须进行沉井底的潜水检查时，要防止沉井突然下沉和大量涌砂而导致沉井歪斜或造成机械和人员损伤。

10. 沉井下沉需要配重时，配重物件应堆码整齐，捆绑牢固。采用偏配重、偏出土和施加水平力纠正井倾时，荷载应逐级增加，并不断观察沉井下沉情况。

11. 采用空气幕下沉沉井时，空压机、储气罐等应符合安全规定的要求，并由专人操作。储气罐放置地点应通风，严禁日光曝晒和高温烘烤。

12. 在深水处采用浮式沉井施工时，其沉井下水、浮运及悬浮状态下接高、下沉等，应遵守下列规定：

（1）浮式沉井在下水前，应进行水密性检查，合格后方可下水。

（2）浮式沉井下水前，应制定下水方案。当采用起吊下水时，应对起重设备合理配置，使其受力均匀。当河岸有适合坡度，而采用滑移、牵引等措施下水时，必须保证沉井安全，严防倾覆及损伤。

13. 浮式沉井定位落床前，应考虑潮水涨落的影响。沉井落床后，应采取措施，使其尽快下沉，并使沉井达到保持稳定的深度。

14. 船上（或支架平台上）制造完成的浮式沉井，下水时宜在水面波浪较小时进行，当有船只驶过时应暂缓入水。

六、钻孔灌注桩基础作业安全要领

1. 钻孔机械就位后，应对钻机及配套设备进行全面检查。钻机安设必须平稳、牢固。钻架应加设斜撑或缆风绳。

2. 冲击钻孔选用的钻锥、卷扬机和钢丝绳等，应配置适当，钢丝绳与钻锥用绳卡固接时，绳卡数量应与钢丝绳直径相匹配。冲击过程中，钢丝绳的松弛度应掌握适宜。

3. 正、反循环钻机及潜水钻机使用的电缆线要定期检查,接头必须绑扎牢固,确保不透水、不漏电。对经常处于水、泥浆浸泡处应架空搭设。挪移钻机时,不得挤压电缆线及风水管路。

4. 潜水钻机钻孔时,一般在完成一根钻孔桩时要检查一次电机的封闭状况。钻进速度应根据地质变化加以控制,以保证安全运转。

5. 采用冲抓或冲击钻孔当钻头提到接近护筒底缘时,应减速、平稳提升,不得碰撞护筒和钩挂护筒底缘。

6. 钻孔使用的泥浆,宜设置泥浆循环净化系统,并注意防止或减少环境污染。

7. 钻机停钻,必须将钻头提出孔外,置于钻架上,不得滞留孔内。

8. 对于已埋设护筒未开钻或已成桩护筒尚未拔除的,应加设护筒顶盖或铺设安全网遮罩。

七、沉入桩基础作业安全要领

1. 钢筋混凝土桩、预应力混凝土桩采用锤击沉桩或震动沉桩时,施工场地应保持平整清洁。打桩机的移动轨道铺设要平顺、轨距要准确、钢轨要钉牢,轨道端部应设止轮器。

2. 打桩架移动时,应在现场施工负责人指挥下进行。桩架移动应平稳,桩锤必须放在最低位置,柴油打桩机后部的配重铁必须齐全。采用滚杠滑移打桩架作业时,作业人员不得在打桩架内操作。

3. 水上打桩平台,必须搭设牢固,打桩机底座与平台应连接牢靠。

4. 浮式沉桩设备沉桩时，桩架与船体必须连接紧固。船体定位后，应以锚缆封固，并应防止施工中浮船晃动。

5. 起吊沉桩或桩锤时，严禁作业人员在吊钩下或在桩架龙门口处停留或作业。

6. 打桩架及起重工具，应经常检查维修，桩锤检查维修，必须将桩锤放落在地面或平台上，严禁在悬挂状态下维修桩锤。

7. 采用高压水泵等助沉措施，其高压水泵的压力表、安全阀、水泵、输水管道及水压等应符合安全要求。高压射水辅助沉桩，应根据地质情况采用相应的压力，并要防止因急剧下沉造成桩架倾倒。射水沉桩，应在桩身入土达到稳定时再射水。

8. 震动打桩机开动后，作业人员应暂离基桩。震打中如发现桩回跳、打桩机有异声及其他不正常情况时，应立即停震，并经检查处理后再继续作业。所有开、停震必须听从指挥。

9. 震动打桩机在停止作业后，应立即切断动力源。

八、挖孔、沉管灌注桩基础作业安全要领

1. 挖孔灌注桩，宜在无水或少水的密实土层或岩层中施工。挖孔较深或有渗水时，应采取孔壁支护及排水、降水等措施，严防坍孔。

2. 人工挖孔，对孔壁的稳定及吊具设备等，应经常检查。孔顶出土机具应有专人管理，并设置高出地面的围栏。孔口不得堆集土渣及沉重机具。作业人员的出入，应设常备的梯子。夜间作业应悬挂示警红灯。挖孔暂停时，孔口应设置罩盖及标志。

3. 孔内挖土人员的头顶部位应设置护盖。取土吊斗升降时，挖土人员应在护盖下面工作。相邻两孔中，一孔进行浇注混凝土时，另一孔的挖孔人员应停止作业，并撤出井孔。

4. 人工挖孔，除应经常检查孔内的气体情况外，并应遵守下列规定：

（1）挖孔人员下孔作业前，应先用鼓风机将孔内空气排出更换。

（2）二氧化碳含量超过 0.3% 时，应采取通风措施。对含量虽不超过规定，但作业人员有呼吸不适感觉时，亦应采取通风或换

班作业等措施。

（3）空气污染超过规定空气污染三级标准浓度值时，如没有安全可靠的措施不得采取人工挖孔作业。

5. 人工挖孔深度超过 10 m 时，应采用机械通风。当使用风镐凿岩时，应加大送风量，吹排凿岩产生的石粉。人工挖孔最深不宜大于 15 m。

6. 挖孔桩孔内岩石需要爆破时，应采取浅眼爆破法，严格控制炸药用量，并按国家现行的《爆破安全规程》中有关规定办理。

7. 施工前，应检查管节与桩帽连接是否牢靠，桩尖分瓣是否灵活。所有机械与作业平台应稳定牢固。

九、拔桩作业安全要领

1. 采用人字桅杆、卷扬机进行拔桩时，应先计算拔桩力，然后根据上拔力的大小，配备适当功率的卷扬机和滑车组。拔桩时，人字桅杆滑车组要尽量靠近被拔桩的中心。试拔中如发现缆风绳受力过大或地锚松动时，应在采取措施后再作业。

2. 采用锚固桩或顶梁千斤顶施力拔桩时，被拔桩及锚固桩的各连接处必须牢固。千斤顶的置放点应避免偏心。

3. 采用吊机船进行拔桩时，吊机应配超载限制器，作业中应指派人员经常检查船体的平衡稳定情况。起重机配合震拔机拔桩时，起重机应随震拔机的启动而逐渐加荷。

4. 对较难拔出的桩，可采用震动、射水、千斤顶先顶松动以及桩外浅挖等措施，严禁硬拔。上述方法的采用均应符合有关安全规定的要求。

十、管柱基础作业安全要领

1. 管柱震动下沉作业，对邻近的建（构）筑物、临时设施的安全和稳定有影响时，应采取安全防护措施。

2. 施工所用的机具设备，应经检查合格后方可作业。

3. 管柱施工的作业平台，除设护栏外，双层或高处作业点等危险部位均应悬挂安全网，并在作业区配备救护船只。

第二节 墩台工程作业安全要领

一、就地浇筑墩台作业安全要领

1. 施工前必须搭好脚手架及作业平台，并在平台外侧设栏杆。墩高在 10 m 以上时，应加设安全网。

2. 吊斗升降应设专人指挥。落斗前，下部的作业人员必须躲开，不得身倚栏杆推动吊斗。严禁吊斗碰撞模板及脚手架。

二、砌筑墩台作业安全要领

1. 人工、手推车推（抬）运石块或预制块件时，脚手跳板应铺满，其宽度、坡度及强度等应满足安全要求。脚手架和作业平台上堆放的物品不得超过设计荷载。砌筑材料应随运随砌。

2. 吊机、桅杆吊运砌筑材料时，应听从指挥信号。砌筑材料吊运到砌筑面时，作业人员应避让，待停稳后方可上前砌筑。

3. 人工抬运大块石料时，应捆绑牢靠，动作协调一致，缓慢平放。

三、滑模作业安全要领

1. 高桥墩（台）、塔墩、索塔等高层结构，采用滑升模板施工时，除应遵守"高处作业"的安全规定外，并需根据工程特点，编制单项施工方案及其安全技术措施，并向参加滑模施工人员进行安全技术交底。

2. 滑模及提升结构应按设计制作与施工。作业前应对滑模、提升结构进行检查。

3. 当塔墩等高层建筑采用爬模施工方法时，应进行特殊设计，在工厂制作。爬升架体系、操作平台、脚手架等，要保证具有足够的刚度和安全度。架体提升时，要另设保险装置。模板爬升，作业人员不得站在爬升的模板或爬架上。

4. 液压系统组装完毕后，必须进行全面检查。施工过程中，液压设备应由专人操作，并应经常维护，发现问题及时处理。

5. 模板提升到 2 m 高以后，应安装好内外吊架、脚手架，铺好脚手板，挂设安全网。

6. 混凝土浇筑不得用大罐漏斗直接灌入，不冲击模板。震捣时，不得震动支撑杆、钢筋及模板。提升模板时不得进行震捣。

7. 模板每次提升前，应进行检查，排除故障，观察偏斜数值。提升时，千斤顶应同步作业。

8. 施工中发现支撑杆有弯曲变形时应及时加固。

9. 操作平台的水平度、倾斜度应经常检查，发现问题应及时采取措施。

10. 主要机具、电器、运输设备等，应定机定人，严格执行交接班制度。接班时，必须对机具检查一次，并做好记录。

11. 平台上应规定人群荷载和堆放材料的限量标准。材料要均匀摆放，不得多人聚集一处。

12. 墩上养生人员必须系好安全带。输水管路及其他设备应拴绑牢固。

13. 运送人员、材料的罐笼或外用电梯，应有安全卡、限位开关等安全装置。

14. 夜间施工应有足够的照明。在人员上下及运输过道处，均应设置固定的照明设施。

15. 拆除滑模设备时，应做好安全防护措施。拆除时可视吊装设备能力，分组拆除或吊至地面上解体，以减少高处作业量和杆件变形。拆除现场应划定警戒区。警戒线到建筑物边缘的安全距离不得小于 10 m。

第四章 | 桥涵工程施工安全要领

第三节　上部工程作业安全要领

一、预制构件安装作业安全要领

1. 装配式构件（梁、板）的安装，应制定安装方案，并建立统一的指挥系统。施工难度、危险性较大的作业项目应组织培训。

2. 吊装偏心构件时，应使用可调整偏心的吊具进行吊装。安装的构件应平起稳落。

3. 单导梁、墩顶龙门架安装构件时，应符合下列规定：

（1）导梁组装时，各节点应连结牢固，在桥跨中推进时，悬臂部分不得超过已拼好导梁全长的 1/3。

（2）墩顶（或临时墩顶）导梁通过的导轮支座必须牢固可靠。导梁接近导轮时，应采取渐进的方法进入导轮。导梁推进到位后，用千斤顶顶升，将导梁置于稳定的木垛上。

（3）导梁上的轨道应平行等距铺设，使用不同规格的钢轨时，其接头处应妥善处理，不得有错台。

（4）墩顶龙门架使用托架托运时，托架两端应保持平衡稳定，行进速度应缓慢。龙门架落位后应立即与墩顶预埋件连结，并系好缆风绳。

（5）构件在预制场地起重装车后，牵引至导梁时，行进速度不得大于 5 m/min，到达安装位置后，平车行走轮应用木楔楔紧。

（6）构件起吊横移就位后，应加设支撑、垫木，以保持构件稳定。

（7）龙门架顶横移轨道的两端应设置制动枕木。

4. 预制场采用千斤顶顶升构件装车及双导梁、桁梁安装构件时，应符合下列规定：

（1）千斤顶在使用前，要做承载试验。起重吨位不得小于顶升构件的 1.2 倍。千斤顶一次顶升高度应为活塞行程的 1/3。

（2）千斤顶的升降应随时加设或抽出保险垫木，构件底面与保险垫木间的距离宜控制在 5 cm 之内。

（3）构件进入落梁架（或其他装载工具）横移到位时，应保持构件在落梁时的平衡稳定。

(4)顶升 T 梁、箱梁等大吨位构件时,必须在梁两端加设支撑。构件两端不得同时顶起或下落,一端顶升时,另一端应支稳、撑牢。

(5)预制场和墩顶装载构件的滑移设备要有足够的强度和稳定性,牵引(或顶推)构件滑移时,施力要均匀。

(6)双导梁向前推进中,应保持两导梁同速进行。各岗位作业人员要精心工作,听从指挥,发现问题及时处理。

(7)双导梁进入墩顶导轮支座前、后,应采取与单导梁相同的措施。

5. 架桥机安装构件时,应符合下列规定:

(1)架桥机组拼(或定型产品)、悬臂牵引中的平衡稳定及机具配备等,均应按设计要求进行。

(2)架桥机就位后,为保持前后支点的稳定,应用方木支垫。前后支点处,还应用缆风绳封固于墩顶两侧。

(3)构件在架桥机上纵、横向移动时,应平缓进行,卷扬机操作人员应按指挥信号协同动作。

(4)全幅宽架桥机吊装的边梁就位前,墩顶作业人员应暂时避开。

(5)横移不能一次到位的构件,操作人员应将滑道板、落梁架等准备好,待构件落入后,再进入作业点进行构件顶推(或牵引)横移等项工作。

6. 跨墩龙门架安装构件时,应根据龙门架的高度、跨度,采取相应的安全措施,确保构件起吊和横移时的稳定。构件吊至墩顶,应慢速、平稳地、缓落。

7. 安装大型盆式橡胶支座，墩上两侧应搭设操作平台，墩顶作业人员应待支座吊至墩顶稳定后再扶正就位。

8. 龙门架、架桥机等设备拆除前应切断电源。拆除龙门架时应将龙门架底部垫实，并在龙门架顶部拉好缆风绳和安装临时连接梁。拆下的杆件、螺栓、材料等应捆好向下吊放。

9. 安装涵洞预制盖板时，应用撬棍等工具拨移就位。单面配筋的盖板上应标明起吊标志。吊装涵管应绑扎牢固。

10. 人工抬运安装涵洞盖板时，作业区道路应平整。

二、就地浇筑上部结构作业安全要领

1. 钢筋混凝土或预应力混凝土就地浇筑时，作业前应对机具设备及防护设施等进行检查。对施工工艺及技术复杂的工程制定的安全技术措施及安全操作细则等，应进行技术交底。

2. 就地浇筑的桥涵上部结构，施工中应随时检查支架和模板，发现异常状况应及时采取措施。

三、悬臂浇筑法作业安全要领

1. 悬臂浇筑采用桁架挂篮施工时，应遵守下列规定：

（1）施工前，制定安全技术措施。挂篮组拼后，要进行全面检查，并做静载试验。

（2）在墩上进行零号块施工并以斜拉托架做施工平台时，在平台边缘处应设安全防护设施。墩身两侧斜拉托架平台之间搭设的人行道板必须连接牢固。

（3）使用的机具设备（如千斤顶、滑车、手拉葫芦、钢丝绳等），应进行检查，不符合安全规定的严禁使用。

（4）检查墩身预埋件和斜拉钢带的位置及坚固程度，是否符合设计要求。

2. 双层作业时，操作人员必须严守各自岗位职责，并应防止铁件工具掉落等。

3. 挂篮拼装及悬臂组装中，应根据作业点的具体情况设置安全防护设施。

4. 挂篮使用时，后锚固筋、张拉平台的保险绳等应经常检查。底模标高调整时，应设专人统一指挥，且作业人员应站在铺设稳固的脚手板上。

5. 挂篮行走时，要缓慢进行，速度应控制在 0.1 m/min 以内。挂篮后部各设一组溜绳，以保安全。滑道要铺设平整、顺直，不得偏移。

6. 如需在挂篮上另行增加设施（如防雨棚、立井架、防寒棚等）时，不得损坏挂篮结构及改变其受力形式。

7. 使用水箱作平衡重施工时，其位置、加水量等，应符合设计要求。给排水设施和方法，应稳妥可靠。施工中，对上述情况要经常进行检查。

8. 在底模荡移前，必须详细检查挂篮位置、后端压重、后锚及吊杆安装情况，确认安全后，方可荡移。

9. 箱梁混凝土接触面的凿毛作业人员要有安全防护设施。

10. 滑动斜拉式挂篮施工，应遵守下列规定：

（1）滑动斜拉式挂篮的所有活动铰、销、斜拉钢带等，其材质要经检验，并打上标记。

（2）主梁及其吊梁系统安装后，应进行全面检查，必要时应做加载试验。自行设计、加工的挂篮，首次使用前，应按最大施工荷载进行加载试验。

（3）挂篮安装时或主梁行走到位后，应先安装好锚固和水平限位装置，再安装斜拉带和悬挂底模平台。

（4）在斜拉带安装和使用过程中，要注意检查，保持内外斜拉带受力均衡。

（5）底模和侧模沿滑梁行走前，需将斜拉带和后吊带拆除。用手拉葫芦起降和悬吊底模平台时，必须在挂手拉葫芦的位置加设保险绳。

（6）挂篮行走前应检查后锚固及各部受力情况，发现隐患应及时处理。行走时亦应密切注意有无异状，并慢速稳步到位。

（7）浇筑混凝土前，应对挂篮锚固、水平限位、吊带和限位装置进行全面检查。

四、悬臂拼装法作业安全要领

1. 龙门架或起重吊机进行悬臂拼装时，应遵守下列规定：

（1）吊机的定位、锚固应按设计进行，并进行静载试验。

（2）拼装使用的机具设备均应经过检查，如有隐患及不符合安全规定时不得使用。

（3）构件起吊前，应对构件进行全面检查，如吊环部位有无损伤、结合面有无突出外露物。构件上有无浮置物件等。

（4）构件应垂直起吊，并保持平衡稳定。在接近安装部位时，不得碰撞已安完的构件和其他作业设施。

（5）运送构件的车辆，构件起升后（或船只）应迅速撤出。

2. 遇有下列情况时，现场指挥人员，必须在构件妥善处理后，暂时停止吊装作业：

（1）天气突然变化，影响作业安全。

（2）卷扬机、电机过热，或其他机械设备出现故障等。

3. 拆除硫磺砂浆临时支座，除按"高处作业"的安全要求施工外，还应符合下列规定：

（1）融化硫磺砂浆垫块采用电热法时，电热丝不得与其他金属物接触。

（2）作业时人员应站在上风处操作，并应佩戴安全防护用品。

（3）人工凿除时，人员站位要拉开距离。

五、缆索吊装法作业安全要领

1. 吊装前应对施工人员进行安全教育。安装时应有统一的指挥信号。登高操作人员应携带工具袋。安全带不得挂在主索、扣索、缆风绳等上面。

2. 牵引卷扬机启动要缓慢，行进速度要平稳。构件在吊运时，起重卷扬机要协调配合，并控制好构件在空中的位置。起重卷扬机不得突然起升和下降构件，避免产生过大弹跳。构件吊运至安装部位时，作业人员要等构件稳定后再进行操作。

3. 构件不能垂直就位而需旁侧主索吊具协助斜拉时，指挥信号要明确，各组卷扬机要协调动作。

4. 缆索吊装大型构件时，应事先检查塔架、地锚、扣架、滑车、钢丝绳等机具设备。正式吊装前应经吊载试运行后方可正式作业。

5. 缆索跨越公路、铁路时，应搭设架空防护支架。在靠近街道和村屯的地方应设立警示标志。

6. 在主航道上空吊装重大构件时，宜采取临时封航措施。

六、顶推及滑移模架法作业安全要领

1. 顶推法施工时，桥台后面的预制场地应平整、无杂物，工具、材料等应随时堆放整齐，并保持运输通道畅通。在墩台上，要为检查、更换滑道及其他作业留有工作面。

2. 顶推施工所用的机具设备、材料（如拉锚器、工具锚、连接件、油压千斤顶、高压油泵、油管、压力表及滑动装置等）使用前，应全面检查，必要时应做试验。

3. 使用的油压千斤顶应附有球形支承垫、保险圈及升程限孔。多台千斤顶共同作用时应选用同一类型。

4. 采用多点顶推或单点顶推，其动力应有统一的控制手段，使其达到同步、纠偏、灵活和安全可靠。

5. 顶推施工中应备有现场电话及对讲机等通信设备，以便于统一指挥。

6. 在各顶推点，应派专人进行测量，随时将墩顶的位移数据报告给指挥人员。

7. 落梁完毕拆除千斤顶及其他设备时，应先用绳索拴好，用吊机吊出。吊运时，应避免撞击梁体。

8. 梁体进行荷载试验时，应按设计布置。重物应轻放，并防止碰伤人员。

9. 箱梁混凝土采用滑移模架法浇筑，应遵守下列规定：

（1）模架支撑于钢箱梁上，其前后端桁架梁必须用优质高强度螺栓连接好、拧紧。

（2）钢箱梁及桁架梁下弦底面应装设不锈钢带，在滑橇上顶推滑行之前，应检查有无障碍物及不安全因素。

（3）浇筑混凝土之前应进行全面的安全检查，确认合格后方可施工。

（4）牵引后横梁和装卸滑橇时，要有起重工协同配合作业。牵引时应注意牵引力作用点，使后横梁在运行时与桥轴线保持垂直。

（5）滑移模架行走时必须听从信号指挥。对重要部位应设专人负责值班观察，并注意人员及设备的安全。

10. 涵管采用顶入法施工时，施工前应做好施工点的调查。对顶入涵管的原有通车公路、铁路路段，应与当地公路、铁路部门联系，并签订施工协议。施工前应采取必要的加固措施，以保证顶入作业中通车线路的安全。当火车、汽车通过时，应暂停挖土或顶入，必要时作业人员应暂时离开作业面。

11. 顶入工作坑的边坡，应视土质情况而定。靠铁路、公路一侧的边坡，其上端距铁路或公路路面边缘的距离不得小于规定。工作坑的后背墙（后背梁）应采取安全防护措施。

12. 为避免边缘坍陷，在工作坑坡顶的一定范围内，不得堆放弃土、料具。

13. 顶入法施工的现场应备有一定数量的木料或草袋，以备因雨水或其他原因引起路基变形时抢修加固路基，确保线路行车安全。

14. 顶入施工应连续进行。施工中要防止地下渗水造成路基坍塌。顶入作业时遇有发生坍方、设备扭曲变形时应停止作业。

15. 机械挖土不得碰撞已挖好的洞内土壁。人工清理开挖面时机械应及时退出。

16. 施顶时非作业人员应撤离工作坑。严禁作业人员跨越或接近顶铁。

17. 顶入机械发生故障时应停机检修,严禁带"病"作业。

18. 顶入施工的接缝应采取封闭措施,以防土石方掉落伤人。

19. 施工中地下水位较高时,应有防止塌方、流沙等安全防护措施。顶入法施工不宜在雨季进行。

七、转体法及拖拉法作业安全要领

1. 预制钢筋混凝土或预应力混凝土上部结构,采用转体架桥法或纵、横向拖拉法施工时,除按设计要求进行施工外,搭设支架(或拱架)、支立模板、绑扎钢筋、焊接、预应力张拉及浇筑混凝土等,均应按本章中的有关规定办理。

2. 转体法修建大跨径拱桥应建立统一的指挥机构并配备通信联络工具。

3. 平转法施工,悬臂体应转动方便,并符合安全施工的要求。转体时悬臂端应设缆风绳。

4. 平衡重转体施工前应先利用配重做试验,进行试转动,检查转体是否平衡稳定。试转的角度应大于实际需要转动的角度,如不符合要求时应进行调整。

5. 环道上的滑道,其平整度应严格控制。如上下游拱肋需同时作配重转体时,应采用型号相同的卷扬机,同步、同速、平衡转动。重量大的转体转动前应先用千斤顶将转盘顶转后,再由卷扬机牵引。

6. 无平衡重平转法施工的扣索张拉时，应检查支撑、锚梁、锚碇、拱体等，确认安全后方可施工。

7. 采用纵向、横向拖拉法架梁时，施工前应全面检查所用机具设备及各项安全防护设施的落实情况。

8. 使用万能杆件或枕木垛作滑道支撑墩时，其基础必须稳固。枕木垛应垫密实，必要时应做压重试验。

9. 梁体及构件运行滑道应按设计铺设。采用滑板和辊轴时，滑板应铺平稳。梁体、构件拖拉或横移到达前方墩台时，应采取引导措施，便于辊轴进入悬臂端的滑道内。搬抬辊轴时，作业人员要配合好，并注意人身安全。

10. 拖拉或横移施工中，应经常检查钢丝绳、滑车、卷扬机等机具设备是否完好，发现问题应及时处理。施工中，钢丝绳附近不得站人，作业区无关人员不得进入。

11. 拖拉或横移施工中，应听从统一指挥，发现问题或隐患，应及时报告，并随时处理。

八、预应力张拉法作业安全要领

1. 预应力钢束（钢丝束、钢绞线）张拉施工前，应遵守下列规定：

（1）张拉作业区，无关人员不得进入。

（2）检查张拉设备、工具（如千斤顶、油泵、压力表、油管、顶楔器及液控顶压阀等）是否符合施工及安全的要求。压力表应按规定周期进行检定。

（3）锚环及锚塞使用前应经检验，合格后方可使用。

（4）高压油泵与千斤顶之间的连接点，各接口必须完好无损。油泵操作人员要戴防护眼镜。

（5）油泵开动时，进、回油速度与压力表指针升降，应平稳、均匀一致。安全阀要经常保持灵敏可靠。

（6）张拉前，操作人员要确定联络信号。张拉两端相距较远时，宜设对讲机等通信设备。

2. 在已拼装或悬浇的箱梁上进行张拉作业，其张拉作业平台、拉伸机支架要搭设牢固，平台四周应加设护栏。高处作业时，应设上下扶梯及安全风。施工的吊篮，应安挂牢固，必要时可另备安全保险设施。张拉时千斤顶的对面及后面严禁站人，作业人员应站在千斤顶的两侧。

3. 张拉操作中若出现异常现象（如油表震动剧烈、发生漏油、电机声音异常、发生断丝、滑丝等），应立即停机进行检查。

4. 张拉钢束完毕，退销时应采取安全防护措施。人工拆卸销子时，不得强击。

5. 张拉完毕后，对张拉施锚两端应妥善保护，不得压重物。管道尚未灌浆前，梁端应设围护和挡板。严禁撞击锚具、钢束及钢筋。

6. 先张法张拉施工时还应做到：

（1）张拉前，对台座、横梁等进行检查。

（2）先张法张拉中和未浇混凝土之前，周围不得站人和进行其他作业。浇筑混凝土时，震捣器不得撞击钢丝（钢束）。用卷扬机滑轮组张拉小型构件时，张拉完成后应切断电源和卡固钢丝绳。

7. 精轧螺纹钢筋张拉前,除对张拉台座检查外,还应对锚具、连接器进行检查、试验。

8. 预应力钢筋冷拉时,在千斤顶的端部及非张拉端部,均不得站人。

9. 钢筋张拉或冷拉时,螺丝端杆、套筒螺丝必须有足够的长度。夹具应有足够的夹紧能力,防止锚夹不牢而滑出。

10. 管道压浆时,应严格按规定压力进行。施压前应调整好安全阀。关闭阀门时,作业人员应站在侧面。

九、拱桥作业安全要领

1. 拱架应具有足够的强度、刚度和稳定性。拱架须经验算,必要时应经试验或预压,并应满足防洪、流冰、排水、通航等安全要求。采用土牛拱架时,亦应采用相应的安全措施,保证拱圈砌筑的安全。

2. 拱架安装及拆除的方法及程序,应符合有关安全规定的要求。

3. 拱石加工时,应注意锤头或飞石伤人,作业人员应保持一定的安全距离。

4. 拱石或预制混凝土块,应按砌筑程序编号,依次运到工地,随用随运,不得过多地堆积在拱架或脚手架上,抬运块件不得碰撞拱架。

5. 砌筑拱圈,应按施工要求搭设脚手架及作业平台。拱上建筑施工必须严格按设计加载程序分段、对称进行。

6. 拱圈砌筑,应随时用仪器观测拱架变形状况,必要时应进行调整，以控制拱圈变形过大。卸架装置应有专人负责检查。

7. 拱架拆除工作必须按设计程序进行。拱架脱离拱圈时，应经检查确认安全后方可继续进行拱架拆除工作。拱架拆除时，应听从统一指挥。严禁在拱架上、下同时进行作业，并严禁使用机械强拽拱架，使之倾倒的作法。

8. 无支架拱桥施工时，应遵守下列规定：

（1）大中跨径拱桥施工，应验算拱圈的横向稳定性。分段吊装的单肋合拢后应用缆风绳稳固。第二肋安装后应用横夹木临时横向连结。

（2）双曲拱、箱形拱、纵横向悬砌拱桥施工时，在墩、台顶设置的扣架底部固定应牢靠，架顶应设缆风绳。缆风绳设置必须对称，缆风地锚环应埋设坚固。

（3）在河流中设置缆风绳时，必须采取可靠的防护措施。

十、跨线桥及通道桥涵作业安全要领

1. 公路桥跨越铁路或其他线路时，施工前应与铁路或其他有关部门协商有关事宜，并签订必要的安全协议。其内容应包括利用列车间隔时间进行安装的计划、安全防护以及在发生紧急情况时的应急处理措施等。

2. 在铁路路基附近挖基、钻孔时，不得损坏铁路的各种信号设施，不得影响行车的瞭望视线。作业处应设围栏、支撑及其他安全防护措施。施工中应防止列车震动导致基础坍陷或路基坍方。

3. 对上面作业、下面通行车辆或行人的跨越铁路或公路立交桥施工时，除设置防护设施外，并设岗哨监视管理。

4. 对结构复杂，施工期较长的大型立交桥施工，其安全防护设施必须完善，制定的跨越铁路的架梁吊装方案必须安全可靠。尽量避免在列车通过的情况下进行吊梁安装作业。

十一、斜拉桥、悬索桥作业安全要领

1. 斜拉桥和悬索桥施工，应根据结构、高度及施工工艺制定相应的安全技术措施和操作细则。

2. 电气设备和线路的绝缘必须良好，各种电动机械必须接地，接地电阻不得大于 4 Ω。电气设备和线路检修时，应先切断电源。

3. 施工现场要有防火措施并备有灭火器材，要防止电焊火花溅落在易燃物料上。

4. 施工期间宜与当地气象台站建立联系，做好灾害性天气的预防工作。

5. 斜拉桥的斜拉索如为工地自行制作时，应符合下列规定：

（1）编束时宜用梳型板梳编，每 1.5～2.0 m 段用铁丝绑扎，防止扭曲。

（2）冷铸墩头锚在环氧树脂高温固化时，应确保控温仪的精密度和实际通电时间。

（3）制成的斜拉索应架空放置，严防在地面上拖拉或硬性弯折。

（4）斜拉索制成后，应进行预拉以检查冷铸锚，测定每索钢丝拉力、延伸和回缩。测定的钢索测力仪的读数，以便正式张拉时校核。

6. 采用成品斜拉索时应符合下列规定：

（1）放索时应有制动设施，并应防止卷盘的缆索自由散开时造成伤害。

（2）放开展平的缆索应防止在地面上拖磨。

（3）锚头应加设防护，防止碰撞。

（4）缆索应保持顺直，不得扭曲。

7. 采用钢叠合梁或钢与钢筋混凝土叠合梁施工时，应符合下列规定：

（1）成品钢构件应编号成套，对号存放，防止损坏变形。

（2）起吊前应了解所吊构件的重量、重心位置，以采用相适应的起吊方法。

（3）构件组拼前应进行全面检查，如有缺陷、变形，应在组拼前加以矫正。

（4）钢构件组拼时，必须用足够的定位冲钉定位。钢构件全部插入高强螺栓后，方可松除吊钩。

8. 悬索桥施工中临时架设的工作索、牵引索安装完成后，应对索具、吊具等进行全面检查。施工中使用的吊篮、平台等应具有足够的强度，设置的防护围栏高度不得小于 1.0 m。

9. 索夹及索夹螺栓，应经检查合格后使用。索夹安装应与主索连接紧密，确保吊杆承载后不滑移。为防止主索磨损，可在索夹与主索之间垫物隔离。

10. 索塔应设置上下扶梯和塔顶作业下台。索鞍的安装应保证位置准确。

11. 纵、横梁吊装时，应加强作业中的安全防护，已安装的横梁应随时连结风构斜撑。

12. 悬索桥采用重力式锚碇时，锚碇体的施工应按有关规定进行混凝土浇筑或砌体工程。锚碇体必须达到坚实牢固，标高、倾角等应符合设计要求。山峒式锚碇，在开凿及爆破作业中，应按有关凿岩及《爆破安全规程》办理。

13. 对索塔高度在 20 m 以上或高度不足 20 m 的索塔，当在郊区或平原区施工或附近无高大建筑物提供防雷保护时，索塔仍需设置避雷器，其接地电阻不得大于 10 Ω。

14. 斜拉桥、悬索桥在施工中应配备水上救护船只。

十二、钢桥作业安全要领

1. 钢梁杆件组装，应在平整的作业台上进行，其基础应有足够的承载力。

2. 钢梁上的各种电动机械和电缆线、照明线路等，必须保持绝缘良好，应有专人值班进行管理。

3. 拼装杆件时，应安好梯子、溜绳、脚手架。斜杆应拴保险吊具。杆件起吊时，先提升 0.3 m 左右，确认安全后再继续起吊。

4. 装拆脚手架、上紧螺栓、铆合等作业，应上下交替进行，避免双层作业。杆件拼装对孔时，应用冲钉探孔，严禁用手指伸入检查。

5. 杆件对孔作业中，吊车司机、信号员、架梁人员应操作准确，动作协调。

6. 架梁用的扳手、小工具、冲钉及螺栓等物，应使用工具袋装好，严禁抛掷。多余的料具要及时清理，并堆放在安全地点。

7. 钢梁表面涂漆作业，应有防毒保护措施。

第四节　混凝土预制场施工安全要领

一、搅拌站作业安全要领

1. 搅拌站应按设计要求，安装在具有足够承载力、坚固、稳定的基座上。操作处应设作业平台及防护栏杆。

2. 搅拌站的电气设备和线路应绝缘良好。机械设备外露的转动部分，应设防护装置。

3. 搅拌站的机械设备安装完毕后，要检查离合器、制动器、升降器是否灵活可靠，轨道滑轮是否良好，钢丝绳有无断裂或损坏等。并经试转，全部机械达到正常后，方可作业。

二、发电机组作业安全要领

1. 工期较长的大型公路工程，发电机组应设置在安全可靠的机房内，其基础应平整坚实，必要时应设置在混凝土基座上。机房内配备消防设备。

2. 发电机应设接地保护，接地电阻不得大于 4 Ω。发电机连接配电盘，及通向所有配电设备的导线，必须绝缘良好，接线牢固。

3. 施工单位的发电机电源应与外电线路电源联锁，严禁并列运行。

4. 发电机附近不得放置易燃、易爆物品。

三、皮带运输机作业安全要领

1. 移动式皮带运输机运转作业前，应将行走轮用三角木对称楔紧。固定式皮带运输机，应安装在牢固的基础上。

2. 空载启动后，应检查各部位的运转和皮带的松弛度，如无异常，在达到额定转速后方可均匀装料。

3. 严禁运转中进行修理和调整。作业人员不得从皮带运输机下面穿过或跨越输送带。

4. 输送大块物料时，输送带两侧应加设挡板或栅栏等防护装置。运料中，应及时清除输送带上的粘连物。停机后要切断电源。

四、混凝土拌和及灌注作业安全要领

1. 人工手推车上料时，手推车不得松手撒把。运输斜道上，应设有防滑设施。

2. 机械上料时，在铲斗（或拉铲）移动范围内不得站人。铲斗下方严禁有人停留和通过。

3. 向搅拌机内倾倒水泥，宜采用封闭式加料斗。为减少进出料口的粉尘飞扬应加设防护板。

4. 作业结束时，应将料斗放下，落入斗坑或平台上。

5. 灌筑预制梁混凝土时，应搭设作业平台和斜道，不得在模板上作业。

6. 塔吊、汽车吊或桅杆吊斗灌筑混凝土时，起吊、运送、卸料应由专人指挥。

7. 电动震捣器的使用应符合下列规定：

（1）操作人员要佩戴安全防护用品。配电盘（箱）的接线宜使用电缆线。

（2）在大体积混凝土中作业时，电源总开关应放置在干燥处。多台震捣器同时作业时，应设集中开关箱，并由专人负责看管。

（3）风动震捣器的连接软管不得有破损或漏气，使用时要逐渐开大通气阀门。

五、泵送混凝土作业安全要领

1. 混凝土泵（泵车）应设置在作业棚内，安装应稳定、牢固。泵车安设未稳前，不得移动布料杆。作业前，应检查输送泵、电气设备是否正常、灵敏、可靠。

2. 泵送前，应检查管路、管节、管卡及密封圈的完好程度，不得使用有破损、裂缝、变形和密封不合格的管件，并应符合下列要求：

（1）管路布设要平顺。在高处、转角处应架设牢固，防止串动、移位。

（2）管路应设专人经常检查，遇有变形、破裂时，应及时更换，防止崩裂。

3. 混凝土泵在运转时发现故障，应立即停机检查，不得带"病"作业。

4. 混凝土输送泵车操作人员，应熟悉和遵守泵车的操作规程和安全技术规定。

5. 拆卸管路接头前，应把管内剩余压力排除干净，防止管内存有压力而引起事故。

6. 在5级以上大风时，泵车不得使用布料杆作业。

7. 作业结束采用空气清洗管道时，操作人员不得靠近管道端部。

第五节　预制构件运输安全要领

一、轨道平车运输安全要领

1. 轨道路基要有足够的宽度、平正度、强度。铺设轨道要平直、圆顺，轨距应在允许误差值之内，轨道半径不得小于25 m，纵坡不宜大于2%。轨道与其他道路交叉时，应按规定铺设交叉道口。

2. 轨道平车运输大型构件时，平车的转向托盘（或转盘）、支撑制动器等应进行检查。

3. 大型预制构件运输应设专人指挥，并经常检查构件在平车上的稳定状况及轨道平车在运转中有无变形。

4. 构件运输时，速度要缓慢，下坡时要以溜绳控制速度，并用人工拖拉止轮木块跟随前进。当纵坡坡度较大时，必须有相应的安全措施，方可运输。

二、平板拖车运输安全要领

1. 大型预制构件平板拖车运输，时速宜控制在 5 km/h 以内。简支梁的运输，除在横向加斜撑防倾覆外，平板车上的搁置点必须设有转盘。

2. 运输超高、超宽、超长构件时，必须向有关部门申报，经批准后，在指定路线上行驶。牵引车上应悬挂安全标志。超高的部件应有专人照看，并配备适当工具，保证在有障碍物情况下安全通过。

3. 平板拖车运输构件时，除一名驾驶员主驾外，还应指派一名助手，协助瞭望，及时反映安全情况和处理安全事宜。平板拖车上不得坐人。

4. 重车下坡应缓慢行驶，并应避免紧急刹车。驶至转弯或险要地段时，应降低车速，同时注意两侧行人和障碍物。

5. 在雨、雪、雾天通过陡坡时，必须提前采取有效措施。

6. 装卸车应选择平坦、坚实的路面为装卸地点。装卸车时，机车、平板车均应刹闸。

三、水上运输安全要领

1. 驳船装载的预制构件应用撑木、垫木将构件安放平稳。拖轮牵引驳船行进时,速度要缓慢,不得急转弯。

2. 拖轮牵引浮运钢套箱、钢沉井时,应在了解航道的水深、流速等情况后,制定拖轮牵引方案。多只拖轮牵引浮运大型物件时,应配备通信器材,并建立统一的指挥机构。

3. 钢套箱、钢沉井在浮运中,应根据浮运物件的高度确定顶面露出水面的高度,一般情况下应不小于 1 m。

4. 如需临时封闭航道时,应经港航监督部门的批准。

5. 拖运中应派出监护船只检查牵引绳索和浮运物件的稳定情况,发现问题应立即采取措施。

第五章

隧道工程施工安全要领

第一节 开挖、凿孔及爆破工程施工安全要领

一、开挖及凿孔作业安全要领

1. 开挖人员到达工作地点时，应首先检查工作面是否处于安全状态，并检查支护是否牢固，顶板和两帮是否稳定，如有松动的石、土块或裂缝应先予以清除或支护。

2. 人工开挖土质隧道时，操作人员必须互相配合，并保持必要的安全操作距离。

3. 机械凿岩时，宜采用湿式凿岩机或带有捕尘器的凿岩机。

4. 站在碴堆上作业时，应注意碴堆的稳定，防止滑坍伤人。

5. 风钻钻眼时，应先检查机身、螺栓、卡套、弹簧和支架是否正常完好。管子接头是否牢固，有无漏风。钻杆有无不直、带伤以及钻孔堵塞现象。湿式凿岩机的供水是否正常。干式凿岩机的捕尘设施是否良好。不合要求者应予修理或更换。

6. 带支架的风钻钻眼时，必须将支架安置稳妥。风钻卡钻时应用扳钳松动拔出，不可敲打，未关风前不得拆除钻杆。

7. 电钻钻眼应检查把手胶套的绝缘和防止电缆脱落的装置是否良好。电钻工必须手戴绝缘手套，脚穿绝缘胶鞋，并不得用手导引回转钢钎，不得用电钻处理被夹住的钎子。

8. 在工作面内不得拆卸、修理风钻和电钻。

9. 严禁在残眼中继续钻眼。

10. 钻孔台车进洞时要有专人指挥，认真检查道路状况和安全界限，其行走速度不得超过 25 m/min。台车在行走或待避时，应将钻架和机具都收拢到放置位置，就位后不得倾斜，并应刹住车轮，放下支柱，防止移动。

二、爆破作业安全要领

1. 装药与钻孔不宜平行作业。

2. 爆破器材加工房应设在洞口 50 m 以外的安全地点。严禁在加工房以外的地点改制和加工爆破器材。长隧道施工必须在洞内加工爆破器材时，其加工硐室的设置应符合国家现行的《爆破安全规程》的有关规定。

3. 爆破作业和爆破器材加工人员严禁穿化纤衣物。

4. 进行爆破时，所有人员应撤离现场，其安全距离为：

（1）独头巷道不少于 200 m。

（2）相邻的上下坑道内不少于 100 m。

（3）相邻的平行坑道、横通道及横洞间不少于 50 m。

（4）全断面开挖进行深孔爆破（孔深 3～5 m）时，不少于 500 m。

5. 洞内每天放炮次数应有明确的规定，装药离放炮时间不得过久。

6. 装药前应检查爆破工作面附近的支护是否牢固。炮眼内的泥浆、石粉应吹洗干净。刚打好的炮眼如热度过高，不得立即装药。如果遇有照明不足、发现流砂、流泥未经妥善处理，或可能有大量溶洞涌水时，严禁装药爆破。

7. 洞内爆破不得使用黑色火药。

8. 火花起爆时严禁明火点炮，其导火索的长度应保证点完导火索后，人员能撤至安全地点，但不得短于 1.2 m。一个爆破工一次点燃的根数不宜超过 5 根。如一人点炮超过 5 根或多人点炮时，应先点燃计时导火索，计时导火索的长度不得超过该次被点导火索中最短导火索长度的 1/3。当计时导火索燃烧完毕，无论导火索点完与否，所有爆破工必须撤离工作面。

9. 为防止点炮时发生照明中断，爆破工应随身携带手电筒。严禁用明火照明。

10. 采用电雷管爆破时，必须按国家现行的《爆破安全规程》的有关规定进行，并应加强洞内电源的管理，防止漏电引爆。装药时可用投光灯、矿灯照明。起爆主导线宜悬空架设，距各种导电体的间距必须大于 1 m。

11. 爆破后必须经过 15 min 通风排烟后，检查人员方可进入工作面，检查有无"盲炮"及可疑现象。有无残余炸药或雷管。顶板两帮有无松动石块。支护有无损坏与变形。在妥善处理并确认无误后，其他工作人员才可进入工作面。

12. 当发现"盲炮"时，必须由原爆破人员按规定处理。

13. 装炮时应使用木质炮棍装药，严禁火种。无关人员与机具等均应撤至安全地点。

14. 两工作面接近贯通时，两端应加强联系与统一指挥。岩石隧道两工作面距离接近 15 m（软岩为 20 m），一端装药放炮时，另一端人员应撤离到安全地点。导坑已打通的隧道，两端施工单位应协调放炮时间。放炮前要加强联系和警戒，严防对方人员误入危险区。

土质或岩石破碎隧道接近贯通时，应根据岩性适当加大预留贯通的安全距离，此时只准一端掘进，另一端的人员和机具应撤离至安全地点。贯通后的导坑应设专人看管，严禁非施工作业人员通行。

第二节 洞内运输安全要领

一、洞内装卸作业安全要领

1. 各类进洞车辆必须处于完好状态，制动有效，严禁人料混载。

2. 进洞的各类机械与车辆，宜选用带净化装置的柴油机动力，燃烧汽油的车辆和机械不得进洞（如通风良好，可以达到"通风及防尘"要求者除外）。

3. 所有运载车辆均不准超载、超宽、超高运输。运装大体积或超长料具时，应有专人指挥，专车运输，并设置显示界限的红灯。

4. 进出隧道的人员应走人行道，不得与机械或车辆抢道，严禁扒车、追车或强行搭车。

5. 人工装碴时，应将车辆停稳并制动。漏斗装碴时，应有联络信号，装满时应发出停装信号，并及时盖好漏碴口。接碴时，漏斗口下不得有人通过。

6. 人工卸碴，应将车辆停稳制动，严禁站在斗车内扒碴。

7. 机械装碴时，坑道断面应能满足装载机械的安全运转，装碴机上的电缆或高压胶管应有专人收放，装碴机操作时其回转范围内不得有人通过。

二、洞内运输安全要领

1. 有轨运输应遵守下列规定：

（1）洞内平曲线半径不应小于车轴距的7倍。洞外不应小于10倍。

（2）双线运输时，其车辆错车净距应大于0.4 m，车辆距坑壁或支撑边缘的净距不应小于0.2 m。

（3）单线运输时，在一侧应设宽度不小于0.7 m的人行道，并在适当地点设错车道，其长度应能满足最长列车运行的要求。

（4）洞内轨道坡度宜与隧道纵坡一致，卸碴地段应设不小于1%的上坡道。

（5）在线路尽头应设置挡车装置和标志，以及足够宽的卸车平台。

（6）运输线路应有专人维修、养护、线路两侧的废碴和余料应随时清理。

2. 无轨运输应遵守下列规定：

（1）洞内运输的车速要进行限制，人力车5 km/h；机动车在施工作业地段单车10 km/h，有牵引车及会车时5 km/h；机动车在非作业地段单车20 km/h，有牵引车时15 km/h，会车时10 km/h。

（2）车辆行驶中严禁超车。

（3）在洞口、平交道口及施工狭窄地段应设置"缓行"标志，必要时应设专人指挥交通。

（4）凡停放在接近车辆运行界限处的施工设备与机械，应在其外缘设置低压红色闪光灯，组成显示界限，以防运输车辆碰撞。

（5）在洞内倒车与转向时，必须开灯鸣号或有专人指挥。

（6）洞外卸碴场地段应保持一段上坡段，并在堆碴边缘内0.8 m处设置挡木。

（7）路面应有一定的平整度，并设专人养护。

（8）洞内车辆相遇或有行人通行时，应关闭大灯光，改用近光或小灯光。

三、爆破器材运输安全要领

1. 在隧道工程外部运输爆破器材时，应遵守《民用爆炸物品管理条例》。

2. 在任何情况下，雷管与炸药必须放置在带盖的容器内分别运送。人力运送时雷管与炸药不得由一人同时运送。汽车运输时，雷管与炸药必须分别装在二辆车内运送，其间距应相隔 50 m 以上。有轨机动车运输时，雷管与炸药不宜在同一列车上运送，如必须用同一列车运送时，装雷管与炸药的车辆必须用三个空车厢隔开。

3. 人力运送爆破器材时必须有专人护送，并应直接送到工地，不得在中途停留。一人一次运送的炸药数量不得超过 20 kg 或原包装一箱。

4. 汽车运送爆破器材时，汽车排气口应加装防火罩，运行中应显示红灯。器材必须由爆破工专人护送，其他人员严禁搭乘。爆破器材的装载高度不得超过车厢边缘，雷管或硝化甘油类炸药的装载不得超过二层。

5. 有轨机动车运送爆破器材时其行驶速度不得超过 2 m/s，护送人员与装卸人员只准在尾车内乘坐，其他人员严禁乘车。硝化甘油类炸药或雷管必须放在专用带盖的木质车厢内，车内应铺有胶皮或麻袋并只准堆放一层。

6. 在竖井内运送爆破器材时，应遵守下列规定：

（1）必须事先通知卷扬机司机和井口上、下联络人员。

（2）除爆破工和护送人员外，其他人员不得同罐乘坐。

（3）运送硝化甘油类炸药或雷管时，只准堆放一层，且不得滑动。运送其他炸药时，装载高度不得超过罐笼高度的2/3，并不高于1.2 m。

（4）用罐笼运送硝化甘油类炸药或雷管时，其升降速度不得超过2 m/s，运送其他炸药不得超过4 m/s，用吊桶运送爆破器材时，其速度不得超过1 m/s。

（5）司机在操纵卷扬机时，不得使罐笼或吊桶发生振动。

（6）运送电雷管时应装入绝缘箱内，切断洞内所有电源，并检查钢丝绳是否带电。

（7）严禁爆破器材在井口房、井底车场或巷道内停放。

（8）在上下班或人员集中的时间内，严禁运输爆破器材。

7. 严禁用翻斗车、自卸汽车、拖车、拖拉机、机动三轮车、人力三轮车、自行车、摩托车和皮带运输机运送爆破器材。

第三节　支护、衬砌作业安全要领

一、支护作业安全要领

1. 隧道各部（包括竖井、斜井、横洞及平行导洞）开挖后，除围岩完整坚硬，以及设计文件中规定不需支护者外，都必须根据围岩情况、施工方法采取有效的支护。

2. 施工期间，现场施工负责人应会同有关人员对支护各部定期进行检查。在不良地质地段每班应设专人随时检查，当发现支护变形或损坏时，应立即整修和加固。当变形或损坏情况严重时，应先将施工人员撤离现场，再行加固。

3. 洞口地段和洞内水平坑道与辅助坑道（横洞、平行导坑等）的连接处，应加强支护或及早进行永久衬砌。洞口地段的支撑宜向洞外多架 5～8 m 明厢，并在其顶部压土以稳定支撑，待洞口建筑全部完工后方可拆除。

4. 洞内支护，宜随挖随支护，支护至开挖面的距离一般不得超过 4 m。如遇石质破碎、风化严重和土质隧道时，应尽量缩小支护工作面。当短期停工时，应将支撑直抵工作面。

5. 不得将支撑立柱置于废碴或活动的石头上。软弱围岩地段的立柱应加设垫板或垫梁，并加木楔塞紧。

6. 漏斗孔开挖时应加强支护，并加设盖板。供人上下的孔道应设置牢固的扶梯。

7. 采用木支撑时应选用松、柏、杉等坚硬且富有弹性的木材，其梁、柱的梢径不得小于 20 cm，跨度大于 4 m 时不得小于 25 cm。其他连接杆件梢径不得小于 15 cm，木板厚度不得小于 5 cm。木支撑宜采用简单，直立，易于拆、立的框架结构，并应保证坑道的运输净空。

8. 喷锚支护时，危石应清除，脚手架应牢固可靠，喷射手应佩戴防护用品。机械各部应完好正常，压力应保持在 0.2 MPa 左右。注浆管喷嘴严禁对人放置。

9. 当发现已喷锚区段的围岩有较大变形或锚杆失效时，应立即在该区段增设加强锚杆，其长度应不小于原锚杆长度的1.5倍。如喷锚后发现围岩突变或围岩变形量超过设计允许值时，宜用钢支架支护。

10. 当发现测量数据有不正常变化或突变，洞内或地表位移值大于允许位移值，洞内或地面出现裂缝以及喷层出现异常裂缝时，均应视为危险信号，必须立即通知作业人员撤离现场，待制定处理措施后才能继续施工。

二、衬砌作业安全要领

1. 随着隧道各部开挖工作的推进，应及时进行衬砌或压浆，特别是洞门建筑的衬砌必须尽早施工，地质不良地段的洞口必须首先完成。

2. 衬砌使用的脚手架、工作平台、跳板、梯子等应安装牢固，不得有露头的钉子和突出的尖角。靠近通道的一侧应有足够的净空，以保证车辆、行人的安全通过。

3. 脚手架及工作平台上的铺板，应钉铺结实。木板之端头，必须搭于支点上。高于2 m的工作平台上应设置不低于1 m的栏杆。跳板应设防滑条。

4. 脚手架及工作平台上所站人数及堆置的建筑材料，不得超过其计算载重量。

5. 在洞内作业地段倾卸衬砌材料时，人员和车辆不得穿行。

6. 机械转动部分应设置防护罩，电动机必须有接地装置，移动或修理机器及管线路时，应先停电，并切断电源、风源。

7. 安装、拆除模板、拱架时，工作地段应有专人监护。拆下的模板不得堆放在通道上。

8. 拆除灌筑混凝土模板内支撑时，应随拆随灌。

当岩层破碎、压力过大地段的支撑不能拆出时，拱圈部分应用预制混凝土柱代替木杆予以拆换。

9. 衬砌用的石料及砌块，应采用车辆运送，装卸车或安装砌块时宜使用小型机械提升。当砌筑高度在 1.5 m 以下时，允许使用跳板抬运，但跳板应架到与隧道平行的位置。

10. 用石料砌筑边墙时，应间歇进行。当砌筑高度至 2～3 m 时，应停止 4 h 后方能继续砌筑。若墙后超挖过大，回填层应逐层用干（浆）砌料填塞，以免坍塌。

11. 压浆机在使用前应进行检查并试运转，管路连接要完好，压力要正常，操纵压浆喷嘴人员应佩戴护目眼镜及胶皮手套。喷浆嘴应用支架支撑牢固，压浆时掌握喷嘴的人员必须注意喷嘴脱落，并设法躲避。拔取时必须在撤除压力后进行。检修和清洗时，应在停止运转、切断电路、关闭风门后，方准进行。

12. 采用模板台车进行全断面衬砌时，台车距开挖面的距离不得小于 260 m，台车下的净空应能保证运输车辆的顺利通行。混凝土灌筑时，必须两侧对称进行。台车上不得堆放料具，工作台应满铺底板，并设安全栏杆。拆除混凝土输送软管时，必须停止混凝土泵的运转。

13. 严禁在洞内熬制沥青。

第五节　竖井与斜井施工安全要领

一、竖井与斜井作业安全要领

1. 竖井和斜井的井口附近，应在施工前作好修整，并在周围修好排水沟、截水沟，防止地面水侵入井中发生坍塌。竖井井口平台应比地面至少高出 0.5 m，井口应有严密的井盖，只有当吊笼吊罐升降时才准许打开井盖。

2. 装配起爆药卷应在距井口 50 m 以外的加工房内进行。起爆药卷应由爆破工携送下井，除起爆药卷外不得携带其他炸药。

3. 每次爆破之后均应有专人清除危石和掉落在井圈上的石渣，并应修整被打坏的支撑，待清修完毕后才准进行正常工作。

4. 当工作面附近或井筒未衬砌部分发现有落石、支撑发响或大量涌水时，工作面施工人员应立即循安全梯或使用提升设备撤出井外，并报告处理。

5. 在吊盘上工作人员的工具，应妥善地放在工具袋内，使用时应牢固地拴在身上或其他固定物上。不得将不使用的零星工具放置在附近的支撑上。

6. 在井口及井底明显部位应设置醒目的安全标志。

二、竖井提升作业安全要领

1. 竖井井口应设防雨设施，接罐地点应设置牢固的活动栅门，由专人掌管启闭。接罐人员均应佩戴安全带，上下井的人员应服从接罐人员的指挥，通向井口的轨道应设阻车器。

2. 施工期间采用吊桶升降人员与物料时，应遵守下列规定：

（1）吊桶必须沿钢丝绳轨道升降，保证吊桶不碰撞岩壁。在施工初期尚未设罐道时，吊桶升降距离不得超过 40 m。施工时吊盘下面不装罐道的部分也不得超过 40 m。

（2）运送人员的速度不得超过 5 m/s，无稳绳地段不得超过 1 m/s。运送石碴及其他材料时不得超过 8 m/s。无稳绳地段不得超过 2 m/s。运送爆破器材时不得超过 1 m/s。

（3）提升钢丝绳应与吊桶连接牢固，保证在升降时不致脱钩。

（4）吊桶上方必须设置保护伞。

（5）不得在吊桶边缘上坐立，乘坐人员身体的任何部位不得超出桶沿。

（6）用自动翻转式吊桶升降人员时，必须有防止吊桶翻转的安全装置。严禁用底开式吊桶升降人员。

（7）吊桶提升到地面时，人员必须从地面出车平台进出吊桶，并应在吊桶停稳和井盖门关闭以后进出吊桶，双吊桶提升时井盖门不得同时打开。

（8）装有物料的吊桶不得乘人。

（9）吊桶载重量应有规定，不得超载。

3. 升降人员和物料的罐笼应遵守下列规定：

（1）罐顶应设置可以打开的铁盖或铁门。

（2）罐底必须满铺钢板，并不得有孔。如果罐底下面有阻车器的连杆装置时，必须设牢固的检查门。

（3）两侧用钢板挡严，内装扶手，靠近罐道部分不得装带孔钢板。

（4）进出口两头必须装设罐门或罐门帘，高度不得小于 1.2 m，罐门或罐帘下部距罐底距离不得超过 0.25 m，罐帘横杆的间距不得大于 0.2 m。罐门不得向外开。

（5）进出装碴车的罐笼内必须装有阻车器。

（6）载人的罐笼净空高度不得小于 1.8 m，罐笼内每人应有 0.18 m^2 的有效面积。罐笼的一次容纳人数和最大载重量应明确规定，并在井口公布。

（7）提碴、升降人员和下放物料的速度不得超过 3 m/s，加速度不得超过 0.25 m/s^2。

（8）罐笼、钢丝绳、卷扬机各部及其连接处，必须设专人检查，如发现钢丝绳有损，罐道和罐耳间磨损度超过规定等，必须立即更换。

（9）升降人员或物料的单绳提升罐笼必须设置可靠的防坠器，建井期间使用无防坠器的临时罐笼升降人员时必须要有安全措施。

（10）罐笼升降作业时，下面不得停留人员。

4. 检修井筒或处理事故的人员，如果需要站在罐笼或箕斗顶上工作时，应遵守下列规定：

（1）罐笼或箕斗顶上，必须装设保护伞和栏杆。

（2）佩戴保险带。

（3）提升容器的速度一般为 0.3 m/s ~ 0.5 m/s，最大不得超过 2 m/s。

5. 每一提升装置必须装有从井底接罐员给井口接罐员和井口接罐员发给卷扬机司机的信号装置，井口信号装置必须同卷扬机的控制回路闭锁。只有井口接罐员发出信号后，卷扬机才能启动，除常用的信号装置外,还必须有备用信号装置。井底车场和井口之间、井口和卷扬机司机之间除上述信号装置外,还必须装设直通电话或传话筒。

一套提升装置供给几个洞室使用时,各洞室都必须设有信号装置和闭锁,所发出的信号必须有区别。

6. 井底车场的信号必须经由井口接罐员发出,井底车场不得直接向卷扬机司机发信号。只有在发送紧急停车信号时才可直接向卷扬机司机发出信号。

三、斜井运输安全要领

1. 斜井的牵引运输速度不得超过 3.5 m/s,接近洞口与井底时不得超过 2 m/s,升降加速度不得超过 0.5 m/s^2。

2. 斜井的垂直深度超过 50 m 时,应配备运送人员的车辆,使用时应遵守下列规定:

(1)运送人员的车辆必须有顶盖,车辆上必须装有可靠的防坠器。当断绳时能自动发生作用,同时也能用手操纵。

(2)运送人员的列车必须设车长跟随,车长坐在行车前方的第一辆车的第一排座位上。手动防溜装置也必须在车长座席处。

(3)每班运送人员前,必须检查车辆的连接装置、保险链及防坠器。运送人员前,先放一次空车,检查斜井和轨道的安全状况。

(4)乘人车辆不得超过定员,乘员及携带的工具不得超出车厢。

3. 斜井口必须设置挡车器,并设专人管理。挡车器必须经常处于关闭状态,放车时方可打开。车辆在井内行驶或停留期间,井内严禁人员通行和作业。斜井长度超过 100 m 时,应在井口下 20 m 和接近井底 60 m 左右设置第二道挡车器。

4. 井口、井下及卷扬机间应有联系信号。提升、下放与停留应各有明确的色灯和音响等信号规定。

主、副井口应设专职信号员,负责接、发车工作。卷扬机司机未得到井口信号员发出的信号,不得开动。

运送人员的车辆中必须装有向卷扬机司机发送紧急信号的装置。

5. 斜井井底停车场应设避车硐。斜井底附近的固定机械电器设备与操作人员,均应设置在专用硐室内。

6. 车辆连挂提升时,应有可靠的连接装置和断绳保险器。挂钩均应加保险栓。车与车之间应增加连接保险钢丝绳,提升钢丝绳应有地滚承托。

四、钢丝绳和提升装置作业安全要领

1. 提升用的钢丝绳必须每天检查一次，每隔 6 个月试验一次。其安全系数规定为：升降人员的安全系数必须大于 7，升降物料的安全系数必须大于 6。其断丝的面积与钢丝绳总面积之比，升降物料的必须小于 10%。升降人员用的不得有断丝。钢丝绳直径减小百分数，提升及制动钢丝绳不得大于 10%，其他钢丝绳不得大于 15%。超过上述规定时必须更换。

2. 钢丝绳的钢丝有变黑、锈皮、点蚀麻坑等损伤时，不得用作升降人员。钢丝绳锈蚀严重、点蚀麻坑形成沟纹、外层钢丝松动时必须更换。

3. 有接头的钢丝绳只允许在水平坑道和 30℃以下的斜井中运输物料使用。

4. 提升装置必须设下列保险装置：

（1）防止过卷装置。当提升容器超过正常终端停止位置 0.5 m 时，必须能自动断电，并使保险闸发生作用。

（2）防止过速装置当提升速度超过最大速度 15% 时，必须能自动断电，并能使保险闸发生作用。

（3）过负荷和欠电压保护装置。

（4）当最大提升速度超过 3 m/s，必须安装速度限制器，保证提升容器到达终端停止位置前的速度不超过 2 m/s。如果速度限制器为凸轮板时，其旋转角不应小于 270°。

（5）防止闸瓦过度磨损时的报警和自动断电的保护装置。

（6）缠绕式提升装置，必须设松绳保护并接入安全回路。

（7）使用箕斗提升时，必须采用定量控制，井口碴台应装设满仓信号，碴仓装满时能报警或自动断电。

5. 提升卷扬机必须装设深度指示器、开始减速时能自动示警的警铃及司机不需离座即能操纵的常用闸和保险闸。

常用闸和保险闸共同使用一套闸瓦时，操纵部分必须分开。双滚筒提升卷扬机的两套闸瓦的传动装置必须分开。

司机不准离开工作岗位，也不能擅自调节制动闸。

6. 升降人员前，应先开一次空车，以检查卷扬机的动作情况，但连续运转时，可不受此限。

7. 主要提升装置必须配有正、副司机，在交接班人员上下井的时间内，必须由正司机开车，副司机在旁监护。

第六节　通风及防尘作业安全要领

一、通风作业安全要领

1. 隧道作业环境标准：

（1）粉尘允许浓度为每立方米空气中含有 10% 以上游离二氧化硅的粉尘必须在 2 mg 以下。

（2）氧气不得低于 20%（按体积计，下同）。

（3）瓦斯（沼气）或二氧化碳不得超过 0.5%。

（4）一氧化碳浓度不得超过 30 mg/m³。

（5）氮氧化物（换算成二氧化氮）浓度应在 5 mg/m³ 以下。

（6）二氧化硫浓度不得超过 15 mg/m³。

（7）硫化氢浓度不得超过 10 mg/m³。

（8）氨的浓度不得超过 30 mg/m³。

（9）隧道内的气温不宜超过 28℃。

2. 隧道内空气成分每月应至少取样分析一次。风速、含尘量每月至少检测一次。

3. 隧道施工时的通风，应设专人管理。应保证每人每分钟供给新鲜空气 1.5～3 m³。

4. 无论通风机运转与否，严禁人员在风管的进出口附近停留，通风机停止运转时任何人员不得靠近通风软管行走和在软管旁停留，不得将任何物品放在通风管或管口上。

二、粉尘作业安全要领

1. 施工时宜采用湿式凿岩机钻孔，用水炮泥进行水封爆破以及湿喷混凝土喷射等有利于减少粉尘浓度的施工工艺。

2. 在凿岩和装碴工作面上应做好下列防尘工作：

（1）放炮前后应进行喷雾与洒水。

（2）出碴前应用水淋透渣堆和喷湿岩壁。

（3）在吹入式的出风口，宜放置喷雾器。

3. 防尘用水的固体质含量不应超过 50 mg/L，大肠杆菌不得超过 3 个 / 升。水池应保持清洁，并有沉淀或过滤设施。

安全妙语"谨"上添花

作业环境与规章　　关系生命与健康
空气成分依标准　　控制粉尘乱飞扬

第七节　排水及防火作业安全要领

一、排水作业安全要领

1. 在有地下水排出的隧道，必须挖凿排水沟，当下坡开挖时应根据涌水量的大小，设置大于涌水量 20% 的抽水机具予以排出。抽水机械的安装地点应在导坑的一侧或另开偏洞安装，并用栅栏与隧道隔离。

2. 抽水设备宜采用电力机械，不得在隧道内使用内燃抽水机。抽水机械应有一定的备用台数。

3. 隧道开挖中如预计要穿过涌水地层，宜采用超前钻孔探水，查清含水层厚度、岩性、水量、水压等，为防治涌水提供依据。

4. 如发现工作面有大量涌水时，应即令工人停止工作，撤至安全地点。

二、防火安全要领

1. 各洞、井口施工区，洞内机电硐室、料库、皮带运输机等处均应设置有效、数量足够的消防器材，并设明显的标志，定期检查、补充和更换，不得挪作他用。

2. 洞口 20 m 范围内的杂草必须清除，火源应距洞口至少 30 m 以外，库房 20 m 范围内严禁烟火，洞内严禁明火作业与取暖。

3. 洞内及各硐室不得存放汽油、煤油、变压器油和其他易燃物品。清洗风动工具应在专用硐室内，并设置外开的防火门。

第八节　瓦斯防治安全要领

一、瓦斯防治安全要领

1. 隧道施工发现瓦斯时，应加强通风，采取防范措施。

2. 瓦斯防治主要是消除瓦斯超限和积存，断绝一切可能引燃瓦斯爆炸的火源。

3. 隧道内严禁使用油灯、电石灯、汽灯等有火焰的灯火照明。任何人员进入隧道必须接受检查，严禁将火柴、打火机及其他可自燃的物品带入洞内。

4. 瓦斯隧道中的机具，如电瓶车、通风机、电话机、放炮器等，必须采用防爆型。

5. 必须严格采用湿式凿岩，洞内使用的金属锤头必须镶有不产生火花的合金。装碴使用的金属器械，不得猛力与石碴碰击，铲装前必须将石碴浇湿。

6. 洞内装设及检修各种电气设备时，必须先切断电源。电缆互接或分路时必须在洞外进行锡焊和绝缘包扎并热补。严禁在洞内电缆上临时接装电灯或其他设备。电缆在洞内接头时，应在特制的防爆接线盒内或有防爆接线盒的电气设备内进行连接。

7. 有瓦斯的隧道，每个洞口必须设专职瓦斯检查员。一般情况下每小时检测一次，并将结果记入记录簿。检测瓦斯的检定器应每季度校对一次。

8. 通风必须采用吹入式。通风主机应有一台备用机，并应有两路电源供电。通风机停止时，洞内全体人员必须撤至洞外。

9. 隧道内严禁一切可以导致高温与发生火花的作业。

10. 隧道施工时必须配备必要的急救和抢救的设备和人员。施工人员必须具有防止瓦斯爆炸方面的安全知识。

二、电灯照明安全要领

1. 电压不得超过 110 V。
2. 输电线路必须使用密闭电缆。

3. 灯头、开关、灯泡等照明器材必须采用防爆型，开关必须设置在送风道或洞口。

4. 每个洞口常备的完好矿灯总数，应大于经常用灯总人数的10%。

5. 矿灯均需编号，常用矿灯的人员应固定灯号。

6. 矿灯如有电池漏液、亮度不足、电线破损、灯锁不良、灯头密封不严、灯头圈松动、玻璃和胶壳破裂等情况，严禁发出。发出的矿灯，最低限度应能连续正常使用11 h。

7. 使用矿灯人员应严禁拆开敲打和撞击矿灯。

8. 出洞下班应立即将矿灯交回灯房。

9. 掘进工作面风流中的瓦斯浓度达到1%时，必须停止电钻打眼。达到1.5%时，必须停止工作，撤出人员，切断电源，进行处理。

放炮地点附近20 m以内风流中瓦斯浓度达到1%时，严禁装药放炮。

电动机附近20 m以内风流中的瓦斯浓度达到1.5%时，必须切断电源停止运行。

掘进工作面的局部瓦斯积聚浓度达到2%时，其附近20 m内必须停止工作，切断电源。

10. 因超过瓦斯浓度规定而切断电源的电气设备，必须在瓦斯浓度降低到1%以下时方可开动，使用瓦斯自动检测报警断电装置的掘进工作面只准人工复电。

三、隧道爆破安全要领

1. 严禁用火花起爆和裸露爆破。

2. 爆破时，宜使用瞬发电雷管，若采用毫秒雷管时，其总的延期时间不得超过 130 ms。严禁使用秒和半秒延期电雷管。

3. 使用煤矿安全炸药。

4. 短隧道放炮时，所有人员必须撤出隧道洞外。长隧道单线应撤出 300 m 以外，双车道上半断面开挖撤至 400 m 以外，双车道全断面开挖应撤至 500 m 以外。

第六章

路桥员工工种安全作业规范

第一节 模板工安全作业规范

一、模板作业场地安全规范

1. 模板作业场地的布置。木料、钢模、模板半成品的堆放、废料堆集和场内道路的修建,应做到统筹安排,合理布局。

2. 作业场地应搭设简易作业棚,修有防火通道,配备必需的防火器具。四周应设置围栏,作业场内严禁烟火。

3. 钢模、木材应堆放平稳,圆木垛高不得超过3 m,垛距不得小于1.5 m,成材垛高一般不得超过4 m,每增加0.5 m应加设横木。垛距不得小于1 m。作业场地应避开高压线路。

4. 下班前应将锯末、木屑、刨花等杂物清除干净,并要运出场地进行妥善处理。

二、模板制作安全作业规范

1. 制作模板时应细致选料。制作钢模不得使用扭曲严重、螺丝孔过多、开裂等材料。木模不得使用腐朽、扭裂和大横节疤等木料。

2. 制作钢木结合模板时,其钢木结合部位的强度、刚度应符合设计要求。

3. 制作中应随时检查工具,如发现松动、脱落现象,应立即修好。

4. 用旧木料制作模板时,应将钉子、扒钉拔掉收集好,不得随地乱扔。

三、模板支立及拆除安全作业规范

1. 在基坑或围堰内支模时,应检查基坑有无塌方现象,围堰是否坚固,确认无误后,方可操作。

2. 向基坑内吊送材料和工具时,应设溜槽或绳索系放,不得抛掷。机械吊送应有专人指挥。模板要捆绑结实,基坑内的操作人员要避开吊送的料具。

3. 用人工搬运、支立较大模板时,应有专人指挥,所用的绳索要有足够的强度,绑扎牢固。支立模板时,底部固定后再进行支立,防止滑动倾覆。

4. 支立模板要按工序操作。当一块或几块模板单独竖立和竖立较大模板时,应设立临时支撑,上下必须顶牢。操作时要搭设脚手架和工作平台。整体模板合拢后,应及时用拉杆斜撑固定牢靠,模板支撑不得钉在脚手架上。

5. 用机械吊运模板时，应先检查机械设备和绳索的安全性和可靠性，起吊后下面不得站人或通行。模板下放，距地面 1 m 时，作业人员方可靠近操作。

6. 高处作业应将所需工具装在工具袋内。传递工具不得抛掷或将工具放在平台和木料上，更不得插在腰带上。

7. 在用斧锤作业时，应照顾四周和上下的安全，防止误伤他人。斧头刃口处应配刃口皮套。

8. 拆除模板时，应制定安全措施，按顺序分段拆除，不得留有松动或悬挂的模板，严禁硬砸或用机械大面积拉倒。拆下带钉木料，应随即将钉子拔掉。

9. 拆除模板不得双层作业。3 m 以上模板在拆除时，应用绳索拉住或用起吊设备拉紧，缓慢送下。

第二节　木工安全作业规范

一、木工机械安全作业规范

1. 开机前必须添加润滑油脂，先试机，待各部机件运转正常后，方可开始工作。

2. 机械运转中，如有不正常的声音或发生故障时，应先切断电源，再进行检修。

3. 操作人员工作时，要扣紧衣扣和袖口，理好衣角，严禁戴手套作业。留长发的必须戴工作帽，长发不得外露。

4. 木工机械上的转动部分,要装设防护罩或防护板。工作中更换刨刀、锯片、钻头或刃具时,必须切断电源,停止转动后方可拆装。

5. 使用铁夹钩吊运送木材时,应将铁夹钩钩牢,防止木材掉下。

二、带锯机安全作业规范

1. 开动带锯前,必须检查锯条有无裂纹、扭曲和锯条的松紧程度。如锯条齿侧的裂纹长度超过锯条宽度的 1/6,锯条接头超过三个,锯条中间及后背有裂纹,锯条接头处裂纹超过 10 mm 时,都不得使用。锯条的松紧程度应根据锯条的厚薄、宽窄进行调整,经试运转正常后,方可开始工作。

2. 原木入锯前,应清除钉子和砂石等杂物。跑车上的原木要稳定牢固,进锯速度要均匀。锯短木要用扒钉或拉杆固定后再行加工。

3. 不得加工超过机械规定限度的特大原木。加工较长木材时，必须配备副手协助工作。

4. 不得用潮湿或带油的手指接触启动开关和其他电器设备。如发生电器设备故障或损坏时，不得擅自拆卸检查。

5. 跑车开动后，跑车前后和锯条两侧不得有人走动或停留。

6. 使用平台式带锯时，上下手操作人员要配合一致，上手不得将手送进台面，下手应等料头出锯20 cm后，方可接料。

7. 小平台的电器开关要随用随开，用后立即关闭。平台式带锯加工木料回料时，木料要离开锯条2~5 cm，并要注意劈裂和木节撞击锯条发生事故。

8. 作业中如遇停电，应将电闸关闭，防止来电后机械自行转动造成事故。

9. 带锯机的修理或拆放成捆的锯条，应踏紧锯条端头，控制松放，以防锯条回卷伤人。锉锯条时，要戴防护眼镜。修磨带锯的砂轮应有防护罩，操作时应站在砂轮侧面。

10. 连接锯条，必须接合严密，平滑均匀，厚薄一致。

三、圆盘锯安全作业规范

1. 操作人员应戴防护眼镜，站在锯片一侧，禁止站在与锯片同一直线上。锯片上方必须安装安全挡板和滴水设施。锯片不得有连续断齿。

2. 锯片运转正常后方可进行作业。接料要待料出锯片 15 cm，不得用手硬拉，木料锯到接近端头时，应由下手拉曳，上手不得用手推进。

3. 作业过程中不得将木料抬高或左右扳动，必须紧贴靠山。送料力量要均匀，不得用力过猛，遇木节应减速。不得用木料挡刹锯片强制停车。调换锯片时，要等锯片自然停稳后方可进行。

4. 长度不足 50 cm 的短料，不得上锯。半成品、边角料应堆放整齐。

四、平刨机安全作业规范

1. 刨料前应将所刨材料上的钉子、灰垢和冰雪等杂物清除后，再进行操作。

2. 应根据所刨木料材质情况，调整刨料速度。作业中严禁手指放在木节上。

3. 刨木材的大面时，手必须按在木料的上面。刨木材的小面时，手可以放在木材料的上半部。手指必须离开刨口 3 cm 以上，每次刨削量不得超过 1.5 mm。被刨材料长度超过 2 m 时，必须两人操作。料头越过刨口 20 cm 后，下手操作者方可接料，但不得猛拉。

4. 活动式的台面调整切削量时，必须切断电流停止转动后方能进行调整，防止台面与刨刀接触造成事故。

5. 刀架夹板必须平整贴紧。合金刀片焊缝的高度不得超过刀头。固定刀片的螺丝应钳入槽内，离刀背不得少于 10 mm。

6. 平面刨作业中，操作人员不得将手伸进安全挡板里侧移动挡板，不得拆除安全挡板进行刨削。

7. 材料需要调头刨削时，必须双手持料离开刨口，并注意周围环境，防止伤人。

五、压刨机安全作业规范

1. 压刨机床必须使用单项开关，不得使用倒顺开关。

2. 送料必须平直，发现材料走横或卡位，应停机拨正。操作人员接送时，手指应离开滚筒 20 cm 以外，接料必须待料送出台面。

3. 操作人员应站在机床一侧操作，每次刨削量不得超过 3 mm。

4. 所刨材料不得短于前后压滚距离。厚度小于 1 cm 时，必须垫衬托板。

六、手电钻安全作业规范

1. 作业前，应检查有无漏电现象，并应戴好绝缘手套，穿上胶鞋或脚踏在木板上进行操作。

2. 钻头必须卡紧，大型电钻必须用双手扶把，钻杆要垂直。钻孔接近完成时，应轻压电钻，防止卡钻或扭断钻头。

3. 由底部向上部钻孔时，应用手或杠杆顶托钻把，不得用肩扛顶托钻把。向下钻孔时，不得用脚扶钻头，脚必须离钻头 20 cm 以外。

4. 电钻工作中，应用钻把调整对准孔位，不得手扶钻头对孔。

5. 操作中发现异常声音，应停止使用。工作后应切断电源，收好导线。

七、台钻安全作业规范

1. 所钻材料必须夹紧，较长材料应使用托架。材料调头时，应双手扶料并要注意周围环境。

2. 操作中如发生凿芯被木渣挤塞，应抬起手柄用刷子等清除木渣，严禁用手清渣。

3. 拆装钻头时，应全部停钻后方能进行。钻头装夹必须牢固。

4. 不得用手触摸转动中的钻头，不得将工具或其他物品放在工作台上。

第三节 支架工、钢筋工安全作业规范

一、支架工安全作业规范

1. 支架所用的桩木、万能杆件应详细检查。不得使用腐朽、劈裂、大节疤的圆木及锈蚀、扭曲严重的万能杆件和钢管等。

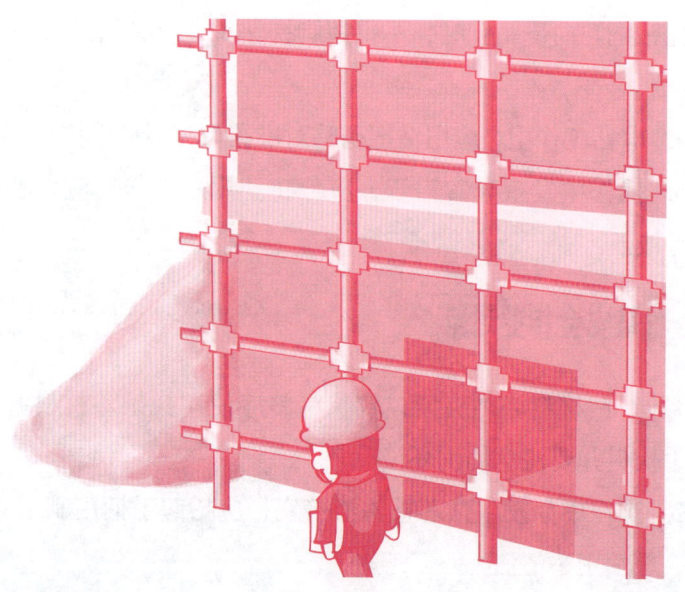

2. 地基承载能力应符合设计标准，否则应采取加固措施，使其达到设计要求。

3. 根据施工季节，支架工程应采取防冲刷或防冻胀等安全措施。

4. 支立排架要按设计要求施工，应有足够的承载能力和稳定性。并要与支保桩连结牢固，防止不均匀沉落、失稳和变形。

5. 支立排架时，应设专人统一指挥。支立排架以整排竖立为宜。排架竖立后，用临时支撑撑牢后再竖立第二排。两排架间的水平和剪刀撑用螺丝拧紧，形成整体。

6. 用吊机竖立排架时，应用溜绳控制排架起吊时的摆动。

7. 支立排架时，不得与便桥或脚手架相连，防止支架失稳。

二、脚手架安全作业规范

1. 木、竹脚手架的捆扎材料,应使用 8～10 号镀锌铅丝和直径不小于 10 mm 的三股白麻绳或水葱竹篾。水竹脚手架采用质地新鲜、坚韧带青的新水竹劈制成,厚度为 0.6～0.8 mm,宽度为 5 mm 左右为宜。断腰、大节疤和受潮霉的竹篾不得使用。

2. 钢管脚手架连接材料应使用扣件,接头应错开,螺栓要紧固。立杆底端需使用立杆底座。铅丝和白麻绳不得连接钢脚手架。

3. 脚手板要铺满、绑牢,无探头板,并要牢固地固定在脚手架的支撑上。脚手架的任何部分均不得与模板相连。

4. 脚手架要设置栏杆。敷设的安全设施应经常检查,确保操作人员和小型机械安全通行。

5. 脚手架上的材料和工具要堆放整齐,积雪和杂物应及时清除。有坡度的脚手板,要加设防滑木条。

6. 悬空脚手架应用栏杆或撑木固定稳妥、牢靠,防止摆动摇晃。

7. 搭设在水中的脚手架,应经常检查受水冲刷情况,发现松动、变形或沉陷应及时加固。在脚手架上作业人员应佩戴救生设备。

8. 搭设钢管井架相邻的两立杆的接头应错开,横杆和剪刀撑要同时安装。滑轨必须保持垂直,两轨间距误差不得超过 10 mm。

9. 吊篮应严格按照设计要求施工。悬挂吊篮的钢丝绳围绕挑梁不得少于 3 圈,卡子不得少于 3 个。一个吊篮的保险绳索不得少于 2 根。钢丝绳不得与构造物或其他物件相摩擦。

10. 脚手架高度在 10～15 m 时应设置一组(4～6 根)缆风绳。每增高 10 m 应再加设一组。缆风绳与地面夹角为 45°～60°。缆风绳的地锚应设围栏,防止碰撞破坏。

11. 拆除脚手架时，周围应设置护栏或警戒标志，并应从上而下地拆除，不得上下双层作业。拆除的脚手杆、板应用人工传递或吊机吊送，严禁随意抛掷。

三、钢筋工安全作业规范

1. 钢筋施工场地应满足作业需要，机械设备的安装要牢固、稳定，作业前应对机械设备进行检查。

2. 钢筋调直及冷拉场地应设置防护挡板，作业时非作业人员不得进入现场。

3. 钢筋切断机作业前，应先进行试运转，检查刀口是否松动，运转正常后，方能进行切断作业。切长料时应有专人把扶，切短料时要用钳子或套管夹牢。不得因钢筋直径小而集束切割。

4. 采用人工锤击切断钢筋时，钢筋直径不宜超过 20 mm，使锤人员和把扶钢筋、剪切工具人员身位要错开，并防止断下的短头钢筋弹出伤人。

第四节 焊工、锅炉工安全作业规范

一、焊工安全作业规范

1. 电焊安全作业规范

（1）电焊机应安设在干燥、通风良好的地点，周围严禁存放易燃、易爆物品。

（2）电焊机应设置单独的开关箱，作业时应穿戴防护用品，施焊完毕，拉闸上锁。遇雨雪天，应停止露天作业。

（3）在潮湿地点工作，电焊机应放在木板上，操作人员应站在绝缘胶板或木板上操作。

（4）严禁在带压力的容器和管道上施焊。焊接带电设备时，必须先切断电源。

（5）储存过易燃、易爆、有毒物品的容器或管道，焊接前必须清洗干净，将所有孔口打开，保持空气流通。

（6）在密闭的金属容器内施焊时，必须开设进、出风口。容器内照明电压不得超过36 V。焊工身体应用绝缘材料与容器壳体隔离开。施焊过程中每隔30 min外出休息10～15 min，并应有安全人员在现场监护。

（7）把线、地线不得与钢丝绳、各种管道、金属构件等接触，不得用这些物件代替接地线。

（8）更换场地移动电焊机时，必须切断电源，检查现场，清除焊渣。

（9）在高空焊接时，必须系好安全带。焊接周围应备有消防设备。

（10）焊接模板中的钢筋、钢板时，施焊部位下面应垫石棉板或铁板。

2. 气焊安全作业规范

（1）乙炔发生器应采用定型产品，必须备有灵敏可靠的防止回火安全装置。

（2）乙炔发生器与氧气瓶不得同放一处，距易燃易爆品不得少于 10 m。严禁用明火检验是否漏气。氧气、电石应随用随领，下班后送回专用库房。

（3）氧气瓶、乙炔发生器受热不得超过 35°，防止火花和锋利物件碰撞胶管。气焊枪点火时应按"先开乙炔、先关乙炔"的顺序作业。

（4）氧气瓶、氧气表及焊割工具的表面严禁沾污油脂。

（5）乙炔发生器应每天换水。严禁在浮筒上放置物件，不得用手在浮筒上加压和摇动。添加电石时严禁明火照明。

（6）乙炔发生器不得放在电线的正下方，焊接场地距离明火不得少于 10 m。

（7）氧气瓶应设有防震胶圈，并旋紧安全帽，避免碰撞、剧烈震动和强烈阳光曝晒。

（8）乙炔气管用后需清除管内积水。胶管回火安全装置结冻时，应用热水溶化，不得用明火烘烤。

（9）点火时焊枪不得对人，正在燃烧的焊枪不得随意乱放。

（10）电石应放在干燥的地方，移动或搬运时应将桶上的小盖打开，轻移、轻放。开桶时头部要闪开，不得用金属工具敲击桶盖。

（11）施焊时，场地应通风良好。施焊完毕，应将氧气阀门关好，拧紧安全罩。乙炔浮筒提出时，头部应避开浮筒上升方向，提出后应挂放，不得扣放在地上。

二、锅炉工安全作业规范

1. 有安装锅炉能力的使用单位，经当地劳动部门同意后，可以自行安装立式锅炉和快装锅炉。新安装或检修后的锅炉，自检合格后报当地劳动部门检查批准后，方可点火运行。

2. 锅炉一般应安装在单独建造的锅炉房内。锅炉房如与生产厂房相连时，应用防火墙隔开，其锅炉的容量应符合有关规定的要求。

3. 为了保证锅炉安全运行，必须建立健全严格的规章制度。

4. 锅炉在运行中，如发生有严重威胁锅炉安全运行等情况时，应采取紧急停炉措施。

5. 投煤时应注意检查煤炭中混杂的有害物质。

第五节 起重工安全作业规范

一、起重安全作业规范

1. 大型吊装工程，应在编制的施工组织设计中，制定安全技术措施，并向参加施工作业人员进行安全技术交底。

2. 吊装作业应指派专人统一指挥，参加吊装的起重工要掌握作业的安全要求，其他人员要有明确分工。

3. 吊装作业前必须严格检查起重设备各部件的可靠性和安全性，并进行试吊。

4. 各种起重机具不得超负荷使用。

5. 钢丝绳的安全系数，要符合要求。

6. 地锚要牢固，缆风绳不得绑扎在电杆或其他不稳定的物件上。

7. 作业中遇有停电或其他特殊情况，应将重物落至地面，不得悬在空中。

二、卷扬机安全作业规范

1. 卷扬机的各部机件、电气元件以及安全防护装置、钢丝绳等应符合现行的国家标准的规定。

2. 卷扬机应安装牢固、稳定,防止受力时位移和倾斜。操作位置必须视野开阔,联系方便。

3. 作业前应检查钢丝绳、离合器、制动器、保险棘轮、传动滑轮等,发现故障应立即排除。

4. 通过滑轮的钢丝绳不得有接头、结节和扭绕,钢丝绳在卷筒上必须排列整齐,作业中最少需保留三圈。

5. 操作人员不得擅自离开岗位,作业中突然停电,应立即拉开闸刀,并将运送物件放下。

三、轮胎式起重机和履带式起重机安全作业规范

1. 作业地面应坚实平整，支脚必须支垫牢靠，回转半径内不得有障碍物。两台或多台起重机吊运同一重物时，钢丝绳应保持垂直，各台起重机升降应同步，各台起重机不得超过各自的额定起重能力。

2. 吊起重物时，应先将重物吊离地面 10 cm 左右，停机检查制动器灵敏性和可靠性以及重物绑扎的牢固程度，确认情况正常后，方可继续工作。作业中不得悬吊重物行走。

3. 起升或降下重物时，速度要均匀、平稳，保持机身的稳定，防止重心倾斜。严禁起吊的重物自由下落。

4. 在驳船上作业，应用绳索系牢在船上，前后轮（或履带）下应用三角木块楔紧。遇有 4～5 级风时，应根据驳船载重吨位适当调整吊机负荷。工作完毕应将起重臂放下，制动器刹牢。

5. 配备必要的灭火器，驾驶室内不得存放易燃品。雨天作业，制动带淋雨打滑时，应停止作业。

6. 在输电线路下作业时，起重臂、吊具、辅具、钢丝绳等与输电线的距离不得小于相关规定。

7. 工作完毕，应将机车停放在坚固的地面上，吊钩收起，各部制动器刹牢，操纵杆放到空挡位置。

四、塔式起重机安全作业规范

1. 塔式起重机的安全防护装置应符合有关规定的要求。
2. 在轨道上行驶前应检查轨道有无障碍物和下沉现象。
3. 起重机行走前轮（行走方向）至轨道端部的距离不得小于

5 m。工作完毕，锁紧夹轨器，并将各控制开关转到"零"位，切断电源。

五、龙门架安全作业规范

1. 龙门架制作（拼装）完成后，应按设计要求组织检查验收。

2. 移动式龙门架除进行静载试验外，还应等载在轨道上往返运行一次，检查龙门架在移动中的变形以及轨距、轨道平整度等情况。

3. 吊起重物作水平移动时，应将重物提高到可能遇到的障碍物 0.5 m 以上。运行时被吊重物不得左右摇摆。

4. 牵引移动的跨墩龙门架，在行走时两侧牵引卷扬机必须同时、同速启动和运行。

5. 开动和停止电动机，应缓慢平稳地操纵控制器。作后向移动时，必须等机、物完全停稳后方可操作。

6. 龙门架拆除时，应制定安全技术措施。

六、人字桅杆和独脚桅杆安全作业规范

1. 人字桅杆和独脚桅杆应选用优质钢、木材料制作。人字桅杆两腿的夹角不得大于 45°。

2. 桅杆底脚基础要坚固，底脚要稳定牢靠。人字桅杆设置的缆风绳应不少于二根，独脚桅杆设置的缆风绳不少于四根。

3. 独脚桅杆如加设摇杆时，变幅钢丝绳应在起重前固定好，调整适度。摇杆摆动幅度应用钢丝绳（或牵引卷扬机）控制。

七、手拉葫芦（吊链）安全作业规范

1. 悬挂支承点必须牢固，使用三角架悬挂时，基础应坚实，三支架腿受力要均匀，防止滑动和倾覆。
2. 严禁斜拉重物。
3. 重物吊起后发生卡链时，应在重物下方支垫后进行检查修理，不得硬拉。

八、千斤顶安全作业规范

1. 顶升重物必须在重心位置。如需用千斤顶纠正偏斜物体时，放置千斤顶的台座必须坚固可靠。
2. 顶升重物过程中千斤顶出现故障时，应在重物支垫稳固后，再取出修理。
3. 用多台千斤顶起升同一重物时，动作应同步、均衡。

九、缆索吊装设备安全作业规范

1. 缆索塔架拼装时，应按设计图组拼。索鞍、跑车在组拼前，应进行全面检查。在装卸、运输及组拼中，要防止碰伤，有损伤的杆件不得使用。木塔架施工，应优选材质，精细加工制作，连结处应采取加固措施。
2. 各种滑轮在使用前，要检查是否灵活，绳槽是否平滑。滑轮组应共同承受荷载，受力不均时，应进行调整。
3. 钢丝绳必须按设计荷载要求，选用适合的标准绳索。在使用当中，应经常注意检查，并做必要的维护。

4. 塔架拼装，应随塔高的增加逐步搭好脚手架。作业平台四周挂好安全网并上下设扶梯。随着塔身增高，安全网应随之上移，同时应增设辅助缆风绳，待设计缆风绳安设完成后，方可拆除。

5. 使用万能杆件或桁梁片组拼的索塔，可利用已装好的杆件搭设塔内作业平台。平台木板必须铺设平稳，不得松动。塔架节段增高时，操作人员不得攀登杆件，应通过安全梯或吊篮上下。

6. 主索道两端应设置限位器，工作完毕，收紧吊钩，并切断电源。

7. 主索道和塔架的拆除应在制定的拆除方案中制定安全技术措施。作业场地应设立警示标志，并设专人（或监护船只）维护道口、航道和村屯附近的交通安全。

第六节　高处及水上安全作业规范

一、高处作业安全规范

1. 高处作业的含义和级别划分应符合现行国家标准的规定。
2. 悬空高处作业必须设有可靠的安全防护措施。悬空高处作业包括下列作业：
（1）在开放型结构上施工，如高处搭设脚手架等。
（2）在无防护的边缘上作业。

(3)在受限制的高处或不稳定的高处作业。

(4)在没有立足点或没有牢靠立足点的地方作业等。

3. 从事高处作业人员要定期或随时体检,发现有不宜登高的疾病,不得从事高处作业。严禁酒后登高作业。

4. 高处作业人员不得穿拖鞋或硬底鞋。所需的材料要事先准备齐全,工具应放在工具袋内。

5. 高处作业所用的梯子不得缺档和垫高,同一架梯子不得二人同时上下,在通道处(或平台)使用梯子应设置围栏。

6. 高处作业与地面联系,应有专人负责,或配有通信设备。

7. 运送人员和物件的各种升降电梯、吊笼,应有可靠的安全装置,严禁乘坐运送物件的吊篮。

二、水上安全作业规范

1. 在通航江河上施工的安全管理工作应符合现行的《内河交

通安全管理条例》的规定，开工前应报告当地港航监督部门。

2. 施工所使用的船只应经船检部门检查合格后方可使用。施工期间按规定应设置临时码头、航行标志及救护、消防等设施。

3. 船只在航行前，应检查各部位的机械与设施是否良好，不得带故障作业。

4. 应掌握和及时了解当地的气象和水文情况，遇有大风天气应检查和加固船只的锚缆等设施。

遇有雨、雾天，视线不清时，船只应显示规定的信号，必要时应停止航行或作业。

5. 定位船及作业船锚碇后，应在涉及航域范围内设置警示标志。抛锚时，锚链滚滑附近不得站人。

6. 船只靠岸后（或在两船间倒运货物时）应搭设跳板、扶手或安全网，经踏试稳定牢固，方可上下人或装卸货物。

7. 装船时严禁超载、偏载，必要时应加配重，调整平衡。卸船时应分层均匀卸运。

8. 打桩船、起重船施工前应了解作业区域的水深、流速、河床地质等有关情况，为船舶行驶、抛锚、定位做好安全准备工作。

9. 抛锚、就位应保持船体稳定。如用两艘船体连结时，必须连接牢固，稳定可靠。

10. 使用轮胎或履带吊车在船上打桩、起重作业时，船体应按施工要求进行加固，并在吊车轮胎（或履带）下加铺垫板。

11. 牵引或在旁侧拖带作业船时，严禁超载，牵引（或拖带）用的钢丝绳必须连结牢固。

12. 交通船应按规定的载人数量渡运，严禁超员强渡。船上应配有救生设备。船行中途遇有阵风、阵雨时，乘船人员不得走动或站立。

三、潜水安全作业规范

1. 潜水作业前施工负责人应将下潜任务、下潜环境、工作部位、水深、流速、流向等，向潜水员做明确交代，下潜深度应符合现行国家标准的规定。

2. 在作业条件比较困难的情况下，应在搭设的平台上另备一套潜水装具，并指派一名预备潜水员，以便在必要时下水协助和救援。

3. 夜间潜水作业，除平台上的照明外，还应另装照明度较大的灯具，照在潜水点的水面上。

4. 在寒冷环境作业时，应遵守下列规定：

（1）潜水员应穿保温内衣，双手应擦防冻油、戴手套。

（2）潜水前，供气软管应用压缩空气吹通几分钟，接头部位应用棉垫包裹严密。出水时要用热水管加温排气阀，以防排气阀冻结。

（3）在冰层上入水要凿开能确保潜水员安全上下的洞口。水面有浮冰时，供气软管、信号绳与冰块摩擦接触处，应有防割断措施。

（4）潜水员行走的冰面和潜水用梯均应有防滑措施。

5. 潜水作业范围的水面上严禁其他作业。

6. 潜水员在进行冲泥和吸沙作业时，要在头盔的排气阀上包裹纱布，防止沙粒、污泥等进入排气阀内。

7. 潜水员在水下行进时，要尽量避免在倒塌的物体或杂乱的索具空档内穿越。

8. 在检查船舶推进器或解除推进器的缠绕物时,严禁开动推进器,并派专人监护。

9. 信绳员和掌握供气软管人员,应负责做好潜水员下潜和上升的安全工作。

10. 在沉井、钻孔桩内作业,应遵守下列规定:

(1)作业时,沉井内的水位应不低于沉井外的水位。

(2)沉井内壁不得有钢筋头、扒钉头、铁线、铁钉等外露,潜水员不得进入刃脚下工作。

(3)潜水员在沉井内吸泥时,不得用手脚触动正在工作的吸泥管头部,吸泥机的开闭由地面电话员提前通知潜水员。

(4)在钻孔桩内作业,桩内泥浆面必须高于护筒外的水位。潜水员在护筒底缘以下部位作业时,必须有安全防护措施。

11. 水下起吊作业应遵守下列规定:

(1)进行水下起吊作业时,应根据被吊物的特点和当地的水情制定方案。

（2）潜水员应熟悉被吊物的特点、体积、重量、吊点和沉没原因。

（3）在起吊时，潜水员应将沉落物件拴牢，经检查确认拴挂牢固，待潜水员上升出水后再起吊。

（4）打捞沉船、钢结构、圆筒等物件时，潜水员严禁在上述打捞物件内穿行，不得进入已有断裂或破损面的船体内。

（5）潜水员不得在水中悬吊的物体上工作或从悬吊物件下穿越。

12. 水下焊接和切割，应遵守下列规定：

（1）潜水员应熟练掌握焊接及切割技术和作业要领。

（2）电焊钳、切割把、电缆等必须绝缘良好，头盔外面和领盘上应涂抹或包裹绝缘物质，作业时应戴橡皮手套，观察窗下应加装防护镜。

（3）电路应安装保护装置。

13. 水下爆破作业，应遵守下列规定：

（1）潜水员应熟悉爆破器材的性能和引爆的安全操作技术。

（2）根据爆破波及范围划定危险区，引爆前应派人警戒。

（3）雷管在使用前应做测试。在同一起爆点，不得使用不同型号的雷管。

（4）炸药包装好后，应由潜水员带下水，不得用绳索下放。炸药包布设完毕，潜水员出水，并躲避到安全地点后方可引爆。

（5）引爆线路的开关应设专人严格管理，未经负责人许可严禁通电。

（6）发生"盲炮"时，应在切断电源 15 min 后，再下潜取出。

第七章

特殊情况施工安全作业规范

第一节 季节安全作业规范

一、雨季安全作业规范

1. 雨季及洪水期施工应根据当地气象预报及施工所在地的具体情况，做好施工期间的防洪排涝工作。

2. 在雨季施工时，施工现场应及时排除积水，人行道的上下坡应挖步梯或铺砂。脚手板、斜道板、跳板上应采取防滑措施。加强对支架、脚手架和土方工程的检查，防止倾倒和坍塌。

3. 雨季施工时，处于洪水可能淹没地带的机械设备、材料等应做好防范措施，施工人员要提前做好安全撤离的准备工作。

4. 长时间在雨季中作业的工程，应根据条件搭设防雨棚。施工中遇有暴风雨应暂停施工。

5. 高温季节施工，应按劳动保护规定做好防暑降温措施。适当调整作息时间，尽量避开高温时间。有条件的宜搭设凉棚，供应冷饮，准备防暑药品等。

二、冬季安全作业规范

1. 冬季施工应严格执行冬季施工的有关规定，做好保温、防冻等安全防护措施。

2. 冬季施工在江河冰面上通行时，事先应详细调查冰层的厚度及承载能力。冰面结冻不实地段，严禁通行。结冻不实地段、可通行地段都应设明显标志。初冬及春融季节应经常检查冰层变化情况，以确定可否通行。

3. 江河流冰前应制定出防流冰方案，并将停留在冰面上的车辆、船只、机械和物资提前撤至安全地带。

4. 爆破流冰通道时，除应遵守国家现行的《爆破安全规程》外，还应在爆破前详细检查冰面后再进行作业。爆破流冰时应穿好救生衣，必要时应备有救护船只。

第二节　夜间安全作业规范与边通车、边施工地段安全作业规范

一、夜间施工安全作业规范

1. 夜间施工时，现场必须有符合操作要求的照明设备。施工住地要设置路灯。

2. 施工中的小型桥涵两侧及穿越路基的管线等临时工程，应设置围栏，并悬挂红灯示警标志。

3. 大型桥梁攀登扶梯处应设有照明灯具。

4. 夜间作业船只或在通航江河上长期停置的锚船、码头船等应按港航监督部门规定，配置齐全的夜航、停泊标志灯。船只停靠码头应设照明灯。

二、边通车、边施工地段安全作业规范

1. 改建工程中，边通车、边施工路段的安全生产，应加强对通行车辆的安全管理，确保施工、交通安全。

2. 改建工程需挖除旧路路基、路面进行重建的路段，在施工路段的两端应竖立显示正在施工的警告标志。标志应鲜明、醒目。标志与施工路段的距离，应根据开挖宽度、路线等级、交通量等

情况确定。

3. 一侧拓宽或两侧拓宽的改建工程，原有道路的路面宜先保留，以维持交通。

4. 在拓宽地段，如需在原有道路上运送土石方，宜采用机动车辆运输。采用手推车运输时，可划分部分路面，专供手推车行驶。并应做到：

（1）剩余部分路面宽度应保证机动车行车安全。

（2）要用红白相间的栏杆等隔离设施，与机动车行车道隔开。

（3）设专职人员指挥来往车辆。

5. 通车路段的路面应经常清扫干净，防止车辆碾飞土石伤人或雨后泥泞影响通车。

6. 在原有路段上进行降坡改建的工程，有条件的可修建临时便道维持交通，也可在降坡地段半幅施工，另半幅做通车之用。

7. 半幅通车路段，在车辆驶出（入）前方应设置指示方向和减速慢行的标志。同时在施工作业区的两端设置明显的路栏。晚间要在路栏上加设施工标志灯。半幅施工区与行车道之间设置红白相间的隔离栅。

8. 半幅施工的路段不宜过长，一般以不超过 300～500 m 为宜。

9. 在单车道维持通车路段上，当路段不长、交通量不大时，可在该路段的适当地点设置车辆会让处。当施工路段较长、交通量较大时，应实行交通管制。每班配置专职人员和通信设备，指挥交通，疏导车辆。

10. 在居民点或公共场所附近开挖沟槽时，应设护栏及搭设跳板供行人通过。夜间应设置照明灯和红灯。

11. 在原地拆除旧桥（涵）重建新桥（涵）时，应先建好通车便桥（涵）或渡口。在旧桥的两端应设置路栏，夜间应在路栏上悬挂警示灯，并在路肩上竖立通向便桥或渡口的指示标志。